La nacionalidad puertorriqueña:
sus orígenes, su poder y su futuro

La nacionalidad puertorriqueña:
sus orígenes, su poder y su futuro

Autor: J.A. Hernández

Editorial: Editorial Libros El Telégrafo

Año de Publicación: 2023

Edición en español

Editorial Libros El Telégrafo
San Juan, Puerto Rico
Correo electrónico: libroseltelegrafo@gmail.com
Primera Impresión, 2023
ISBN: 9798865980629

Información de pedido:
Venta de cantidades. Descuentos especiales están disponibles en compras de cantidad por corporaciones, escuelas, asociaciones y otros. Para obtener más información, póngase en contacto con el editor en la dirección de correo electrónico indicada anteriormente.

Editorial Libros El Telégrafo
Copyright © 2023 Editorial Libros El Telégrafo

Dedicatoria

Dedico este libro a mi familia, la nación puertorriqueña y a todas las futuras generaciones de Boricuas que podrán disfrutar un país libre, soberano y democrático. Se lo debemos a las futuras generaciones educarnos y luchar hoy para nuestra libertad para que ellos y ellas la puedan disfrutar y poder vivir una vida plenamente boricua sin cadenas coloniales. Nos toca a nosotros liberar nuestro país del yugo colonial para que nuestros descendientes puedan sentirse orgulloso de ser boricuas y ser dueños de su propio país.

"El nacionalismo es la patria organizada para el rescate de la soberanía."

"Los jóvenes tienen el deber de defender su Patria con las armas del conocimiento."

— Pedro Albizu Campos

Tabla de Contenidos

Introducción del Autor

La identidad nacional puertorriqueña es un tema profundo y multifacético que ha sido moldeado por siglos de historia, influencias culturales diversas y complejas dinámicas políticas. En este libro, una colección de ensayos, pensamientos y escritos sobre la identidad puertorriqueña, exploraremos los orígenes, la evolución, el futuro y el poder de la identidad nacional puertorriqueña, centrándonos en cómo el pueblo boricua ha forjado una identidad nacional única caribeña y latinoamericana que combina elementos indígenas, europeos, africanos y de otras culturas para así forjar a la nación y la identidad nacional puertorriqueña que conocemos hoy.

Examinaremos la importancia de la lengua, la cultura, la amenaza de la asimilación colonial y la historia en la formación de esta identidad, y consideraremos su papel en el presente y el futuro de Puerto Rico, particularmente su relación estrecha en la lucha por la independencia y soberanía nacional de Puerto Rico. Sin identidad, no hay nación. Sin nación, no hay nacionalidad. Sin nacionalidad, no hay independencia. Es nuestro deber, como boricuas, reconocer, defender, amar y preservar la identidad, cultura y nacionalidad puertorriqueña para nuestros hijos, nietos y las futuras generaciones de boricuas.

Introducción a la Identidad Nacional Puertorriqueña

La evolución y el significado de la identidad nacional puertorriqueña

Puerto Rico, una isla-nación en el Caribe, tiene una historia única y compleja que ha dado forma a su distinta identidad nacional. La importancia de la identidad nacional puertorriqueña no puede ser exagerada, ya que está intrínsecamente ligada a la historia del país, la diversidad cultural, la afirmación nacional, el patriotismo y la lucha continua por la independencia y nuestra soberanía nacional. Este ensayo explora la identidad nacional puertorriqueña, profundizando en sus raíces históricas, manifestaciones contemporáneas y potencial para el futuro.

Fundamentos históricos

La identidad nacional de Puerto Rico está arraigada en su compleja historia colonial de siglos. Los indígenas taínos habitaron el archipiélago borincano (Borikén) y caribeño antes de ser colonizados por los españoles a finales del siglo XV. El gobierno colonial español duró casi cuatro siglos en nuestro país e influyó significativamente en la cultura, la identidad, el idioma, la idiosincrasia y la religión de la isla y el pueblo puertorriqueño.

Durante la época colonial española, la identidad insular y cultural de los boricuas fue evolucionando de españoles y españoles criollos hacia lo que conocemos hoy – puertorriqueños, un pueblo boricua con su propia identidad cultural y nacional y sus propias aspiraciones. Ya no éramos españoles o españoles criollos, sino puertorriqueños.

Este legado colonial era la zapata de nuestra identidad moderna y levantó las bases de una mezcla y fusión única de influencias culturales españolas, europeas, africanas, caribeñas e indígenas que todavía resuenan en la identidad nacional puertorriqueña de hoy.

En 1898, Puerto Rico fue invadido, ocupado y luego cedido por España a los Estados Unidos después de la guerra hispanoamericana, marcando el comienzo de un nuevo capítulo colonial en su historia nacional. La imposición de la gobernanza colonial estadounidense provocó cambios profundos, incluyendo la americanización, la imposición del inglés como idioma oficial y la introducción de las instituciones y la cultura estadounidenses.

Este período marcó el surgimiento de la resistencia cultural y política puertorriqueña y el poder de la afirmación nacional – que sigue moldeando la conciencia nacional del pueblo boricua.

Diversidad cultural e identidad nacional

Una de las características que definen la identidad nacional de Puerto Rico es su diversidad cultural. El paisaje cultural del país es un vibrante mosaico de influencias de España, África, el pueblo

Taíno, y diversas olas de inmigración de países y pueblos como Cuba, Canarias, Córcega, la República Dominicana y Venezuela, entre otros. Esta fusión multicultural es evidente en la música, la danza, la cocina y el arte de Puerto Rico.

La música salsa, por ejemplo, es una exportación cultural de Puerto Rico que refleja el patrimonio diverso de la isla. Incorpora ritmos africanos, melodías de guitarra española e instrumentos de percusión del Caribe, creando un género musical único que resuena con los puertorriqueños y el público mundial.

Afirmación nacional y patriotismo

La afirmación de la identidad nacional puertorriqueña está estrechamente ligada a un fuerte sentimiento de patriotismo. A pesar del estatus territorial y colonial de la isla por los Estados Unidos, la gran mayoría de los puertorriqueños se enorgullecen de su cultura, identidad e historia. Símbolos nacionales como la bandera puertorriqueña, La Borinqueña (el himno nacional) y el coquí (una rana nativa) son potentes símbolos del orgullo y la identidad nacional puertorriqueñas.

La lucha por la afirmación y la libertad nacional también ha desempeñado un papel fundamental en la formación de la identidad nacional puertorriqueña. Los movimientos políticos que abogaban por una mayor autodeterminación y soberanía nacional, incluida la independencia y la libre asociación, han galvanizado a los puertorriqueños para afirmar su identidad nacional y reclamar su soberanía a pesar de grandes obstáculos, persecuciones y fuerzas nefastas coloniales que luchan en contra de nuestra nacionalidad puertorriqueña, incluso hasta niegan la existencia de la nación puertorriqueña.

El debate sobre el estatuto político de Puerto Rico es un testimonio de la resiliencia de su identidad nacional.

La lucha por la independencia y la liberación nacional

La lucha por la independencia y la soberanía nacional ha sido un tema recurrente en la historia de Puerto Rico. Figuras como Ramon E. Betances, María de las Mercedes Barbudo, Eugenio M. De Hostos, Segundo Ruiz Belvis, Pedro Albizu Campos, Blanca Canales y Lolita Lebrón, entre otros, son celebrados por su sacrificio, dedicación, patriotismo y apasionada defensa de la independencia, la libertad y la identidad nacional puertorriqueña.

La lucha por la independencia, bajo España y los Estados Unidos, ha influido increíblemente en la historia política del país y ha salvado y solidificado nuestra identidad nacional puertorriqueña hasta nuestros días. El deseo de autodeterminación, libertad, soberanía y preservar la identidad nacional puertorriqueña ha seguido siendo una fuerza poderosa en los corazones de muchos puertorriqueños – una fuerza que los enemigos de la puertorriqueñidad y la libertad no han podido ni podrán derrotar. A pesar de todo, la nacionalidad puertorriqueña perdura, resiste y crece en nuestro país y en nuestra gran diáspora puertorriqueña.

Impacto y fuerza de la identidad nacional puertorriqueña

La identidad nacional puertorriqueña sirve como fuerza unificadora para un pueblo único con diversos antecedentes y experiencias. Fomenta un sentido de pertenencia, patriotismo y orgullo, trasciende las divisiones políticas y fomenta una sensación de unidad frente a las adversidades. La resiliencia de la identidad nacional puertorriqueña se manifiesta en respuesta a las políticas de represión colonial y asimilación que algunos trataron y todavía tratan de imponer en nuestro país.

El poder y alcance de la identidad nacional puertorriqueña también se manifiesta en las consecuencias de desastres naturales como los huracanes Irma y María de 2017, donde las comunidades boricuas y la diáspora, no el gobierno federal ni colonial, se reunieron para apoyarse mutuamente, demostrando la fuerza de su identidad compartida y amor patrio. Luego de los huracanes de 2017, era la *gran familia puertorriqueña* que vino a salvar, rescatar y apoyar a los boricuas.

En conclusión, la identidad nacional puertorriqueña es una construcción multifacética, viva y dinámica formada por siglos de historia, diversidad cultural, lucha, sacrificio, afirmación nacional, patriotismo y la lucha continua por la independencia y libertad de nuestro país. Es una fuente de orgullo, resiliencia y unidad para los puertorriqueños del archipiélago y de la diáspora.

A medida que Puerto Rico continúa navegando por su compleja, vergonzosa y nefasta relación colonial con los Estados Unidos y luchando contra el estatus político colonial vigente, su identidad nacional – su *puertorriqueñidad* - sigue siendo una fuerza poderosa que trasciende las fronteras, derrota políticas asimilistas y nos recuerda que somos únicos en el mundo y como todas las naciones libres, nosotros también merecemos nuestra independencia y libertad. La relación entre la identidad cultural y nacional puertorriqueña y el anhelo histórico y centenario por la soberanía y libertad de nuestro país es una simbiótica de nacimiento.

La soberanía política necesita la identidad nacional para justificar su existencia y la identidad nacional necesita la soberanía política para defender y asegurar su existencia. Según el gran arqueólogo, humanista y patriota puertorriqueño Don Ricardo Alegría, "mientras Puerto Rico carezca de soberanía política, siempre va a haber una amenaza sobre nuestra cultura."[1]

Es decir, para defender nuestra cultura e identidad nacional boricua en nuestro país y en el mundo, necesitamos los poderes de la soberanía política. Como hemos visto, un país sin soberanía es un país amenazado por los vaivenes e intereses políticos coloniales. Para tales intereses coloniales, particularmente los asimilistas, la identidad nacional puertorriqueña es una amenaza primordial a su proyecto anexionista de crear un "Puerto Rico sin puertorriqueños".

Con miras al futuro, la identidad nacional puertorriqueña debe seguir evolucionando y adaptándose a las circunstancias cambiantes y modernas, pero siempre manteniendo su amor patrio y su esencia única boricua. La diversidad cultural de nuestro país debe ser celebrada y preservada como fuente de fuerza, riqueza y vitalidad. La lucha en curso por la independencia y libertad (que asegurará la preservación de nuestra identidad nacional) debe llevarse a cabo por medios pacíficos, desafiantes y democráticos, permitiendo a los puertorriqueños determinar su destino como país.

Al hacerlo, Puerto Rico puede defender y consolidar aún más su identidad nacional y afirmar su lugar en el escenario mundial como una entidad cultural y política vibrante y única – la nacionalidad puertorriqueña. Y como sabe la mayoría de la humanidad, toda nacionalidad distinta necesita un estado soberano propio para defender y asegurar su país, sus intereses y su identidad cultural y nacional para las futuras generaciones.

Un país sin soberanía en una jaula colonial es literalmente un país esclavo sin poder alguno para defender su identidad, su esencia como pueblo. Toda nacionalidad necesita y merece su propia casa – y esa casa se llama soberanía nacional.

Los cimientos históricos de la identidad puertorriqueña

Para comprender la identidad puertorriqueña, debemos remontarnos a sus raíces históricas. Antes de la llegada de los colonizadores europeos, nuestro archipiélago borincano estaba habitado por los taínos, un pueblo indígena arahuaco que dejó una huella profunda en la cultura e identidad puertorriqueña. Aunque la población taína fue diezmada por la colonización (matanzas, esclavitud y enfermedades), su legado perdura en la gastronomía, la música, topografía y la iconografía de Puerto Rico.

La llegada de los españoles a Borikén en 1493 marcó el comienzo de la colonización de Puerto Rico. Durante más de cuatro siglos, la isla estuvo bajo el dominio español, y esta influencia se refleja en la lengua (el español), la idiosincrasia, la religión (el catolicismo) y la arquitectura. La herencia española es un componente esencial de la identidad puertorriqueña, que abarca desde el idioma y las festividades religiosas hasta la estructura de las ciudades coloniales.

La llegada de esclavos africanos en el siglo XVI también dejó una profunda huella en la identidad cultural puertorriqueña. A través de la música, la danza y la gastronomía, la cultura africana (de varios pueblos africanos) se fusionó con la española y la taína, creando una identidad única y rica en matices en nuestro país. La bomba y la plena, dos géneros musicales tradicionales boricuas, son ejemplos vívidos de esta bella amalgama cultural.

La población afrodescendiente en Puerto Rico contribuyó significativamente a la riqueza cultural del país y desempeñó un papel crucial en la lucha por los derechos civiles y la libertad. Esta herencia africana es un componente esencial de la identidad cultural puertorriqueña contemporánea y un recordatorio de la diversidad que enriquece nuestra nación boricua.

En 1898, Puerto Rico fue invadido y pasó a ser colonia de los Estados Unidos como resultado de la Guerra Hispanoamericana. Esta transición tuvo un impacto profundo en la historia e identidad puertorriqueña.

Aunque los puertorriqueños obtuvieron la ciudadanía estadounidense en 1917 por imposición (sin el consentimiento del pueblo), la cuestión de la soberanía y el estatus político del país sigue siendo un tema central en la formación de la identidad cultural puertorriqueña.

Lengua, cultura e identidad

La lengua y la cultura desempeñan un papel fundamental en la identidad nacional puertorriqueña. El español es la lengua principal, pero el inglés también se habla en círculos coloniales debido a la influencia de los Estados Unidos. La literatura, la música y el arte puertorriqueños son expresiones vibrantes y de resistencia de la identidad cultural puertorriqueña. Autores como Julia de Burgos y Abelardo Diaz Alfaro y músicos como Rafael Hernández han contribuido a forjar una identidad literaria y musical única.

El futuro de la identidad puertorriqueña

El futuro de la identidad puertorriqueña es un tema complejo y en constante evolución. A medida que Puerto Rico enfrenta desafíos económicos, políticos y ambientales, su identidad nacional se somete a nuevas pruebas y adaptaciones. La diáspora puertorriqueña en los Estados Unidos también está desempeñando un papel importante en la evolución de la identidad, ya que la cultura puertorriqueña se difunde y se conoce a nivel global.

La identidad nacional puertorriqueña es un reflejo de su historia única y diversa. Desde sus raíces taínas y la colonización española hasta la influencia africana y estadounidense, Puerto Rico ha tejido una identidad compleja y rica. Esta identidad, que se expresa a través de la lengua, la cultura y la historia, sigue siendo fundamental en la vida de los puertorriqueños y en el debate sobre el futuro de la isla. La identidad puertorriqueña es un tesoro cultural que merece ser celebrado y preservado en todas sus dimensiones.

CAPÍTULO 1

Raíces indígenas: La herencia taína de los puertorriqueños

La herencia taína es un componente esencial de la identidad puertorriqueña. Aunque la presencia de los taínos en la isla de Puerto Rico fue efímera en términos de siglos, su legado perdura en la cultura, la lengua y la cosmovisión de los puertorriqueños contemporáneos. En este ensayo, exploraremos la historia de los taínos en Puerto Rico, su influencia en la isla y cómo su herencia continúa moldeando la identidad de la nación puertorriqueña.

Los orígenes de los taínos en el Caribe

Los taínos eran un pueblo indígena que habitaba las Islas del Caribe mucho antes de la llegada de los europeos. Se cree que emigraron desde América del Sur, a través del istmo de Panamá, en varias oleadas migratorias, estableciéndose en las Antillas Mayores y Menores. Los taínos eran agricultores expertos, cultivando yuca, maíz, batatas y otros cultivos, y construyeron aldeas y comunidades a lo largo de las islas.

La influencia taína en la lengua y la toponimia

Uno de los legados más perdurables de los taínos en Puerto Rico se encuentra en la lengua y la toponimia. Muchos de los nombres de lugares en la isla tienen raíces taínas, como "Borikén", el nombre original de la isla, que significa "la tierra de los valientes señores". La lengua taína influyó en el léxico del español puertorriqueño, introduciendo palabras como "hamaca", "canoa" y cientos más. Estas palabras son un recordatorio constante de la contribución taína a la cultura lingüística de Puerto Rico.

La cosmovisión taína y la espiritualidad

La cosmovisión taína estaba profundamente arraigada en la conexión con la naturaleza y la espiritualidad. Los taínos adoraban a los dioses del sol, la luna y la madre Tierra (Atabey), y creían en la existencia de espíritus y fuerzas en la naturaleza. Esta relación espiritual con el entorno natural se refleja en muchas prácticas y creencias puertorriqueñas actuales, como la medicina herbal tradicional y la relación cercana con la tierra y el mar.

El impacto colonial a la cultura taína

A pesar de la influencia taína en la isla, la llegada de los europeos y las enfermedades que trajeron consigo, como la viruela, tuvieron un impacto devastador en la población taína. En menos de un siglo, la población indígena fue diezmada y su cultura enfrentó una trágica disminución con miles de tainos escapando al interior de la isla. Sin embargo, la herencia taína sobrevive en la memoria y la identidad de los puertorriqueños.

La herencia taína en la identidad puertorriqueña actual

La herencia taína es una parte intrínseca de la identidad puertorriqueña. Aunque la mayoría de los puertorriqueños tienen ascendencia mestiza, que incluye elementos europeos y africanos, el reconocimiento y la celebración de la herencia taína son importantes en la construcción de una identidad cultural única. Los festivales, la gastronomía y la música puertorriqueños a menudo incorporan elementos taínos, como la maraca y el güiro, en sus expresiones culturales.

En resumen, la herencia taína es una parte fundamental de la identidad puertorriqueña. Aunque los taínos experimentaron una trágica dispersión como pueblo, su legado perdura en la lengua, la cultura, la espiritualidad y la toponimia de Puerto Rico. Esta herencia enriquece la identidad puertorriqueña, recordando a los puertorriqueños su historia única y diversa. A medida que la nación puertorriqueña se enfrenta a desafíos y oportunidades en el siglo XXI, la herencia taína continúa siendo un elemento poderoso y significativo que contribuye a la riqueza cultural de la isla.

CAPÍTULO 2

Raíces africanas: La herencia africana de los puertorriqueños

La influencia y contribución cultural africana en Puerto Rico

La rica historia de Puerto Rico está marcada por una mezcla diversa de culturas y etnias, y una de las influencias más significativas que ha moldeado su identidad cultural es la africana. La llegada de los africanos a la isla caribeña durante la época de la colonización europea tuvo un profundo impacto en la música, la danza, la religión, la gastronomía y las tradiciones sociales de Puerto Rico.

La diáspora africana en Puerto Rico

La presencia africana en Puerto Rico se remonta a los tiempos de la colonización española, cuando los africanos fueron traídos como esclavos para trabajar en haciendas de azúcar y café. Según el historiador Luis M. Díaz, el mayor contingente de esclavos africanos provino de las zonas de la actual Ghana, Togo, Benín y Nigeria; todos estos países actuales se encuentran situados en el Golfo de Guinea y la zona de Dahomey.[2] La gran mayoría eran yoruba e igbo, grupos étnicos de Nigeria y bantúes de Guinea.[3] Otros pueblos y tribus africanas traídos a Puerto Rico procedían de los pueblos jelofes, mandingos, dahomey, ibo, baúles, fantes y mendes del África occidental (hoy la región costera desde Senegal hasta Nigeria y Camerún).[4] Debido a la trata esclavista con los ingleses, africanos del Congo y la región de Senegal también fueron introducidos a Puerto Rico durante esta época.[5]

Muchos africanos que fueron traídos Puerto Rico eran musulmanes y otros practicaban religiones indígenas africanas. Con el tiempo y la importante presencia de la Iglesia Católica, más africanos adoptaron el catolicismo mientras otros continuaron discretamente la práctica de religiones africanas. El número de esclavos en Puerto Rico aumentó de 1,500 en 1530 a 15,000 en 1555.[6]

A lo largo de los siglos, esta población africana creció y se mezcló con las poblaciones indígenas y europeas locales, dando lugar a una rica diversidad étnica y cultural. Sin el elemento africano, lo que conocemos hoy como "cultura puertorriqueña" no existiría.

La influencia en la música y la danza

Una de las áreas donde la influencia africana es más evidente es en la música y la danza. El ritmo y la percusión africanos se fusionaron con instrumentos y melodías indígenas y europeas para dar origen a géneros musicales autóctonos como la bomba y la plena. Estos géneros musicales son una expresión vibrante de la identidad cultural de Puerto Rico y se caracterizan por el uso de tambores y bailes tradicionales que evocan las raíces africanas.

Religión y espiritualidad

La religión también se vio influenciada por la diáspora africana en Puerto Rico. La santería, una religión sincrética que combina elementos africanos y católicos, se practica en la isla y refleja la influencia de la cultura y las creencias africanas en la espiritualidad puertorriqueña.

Gastronomía y tradiciones sociales

La gastronomía de Puerto Rico también ha sido enriquecida por la herencia africana. Platos como el mofongo, que combina plátanos machacados con carne y otros ingredientes, tienen raíces africanas. Además, las tradiciones sociales, como las festividades y celebraciones, a menudo incorporan elementos de la cultura africana, como los trajes y las danzas tradicionales.

La herencia africana en la identidad puertorriqueña actual

La influencia y contribución cultural africana en Puerto Rico son elementos fundamentales de la identidad de la isla. A lo largo de los siglos, la diáspora africana ha dejado una huella profunda en la música, la danza, la religión, la gastronomía y las tradiciones sociales de Puerto Rico. Esta gran y bella diversidad cultural es una parte esencial de la riqueza y la vitalidad de la isla y continúa siendo celebrada y preservada por las generaciones actuales.

La historia de Puerto Rico es un testimonio vivo de cómo diversas culturas pueden fusionarse para crear una identidad única y vibrante.

CAPÍTULO 3

Raíces españolas: La herencia española y europea de los puertorriqueños

La llegada de los españoles y el contacto cultural

El 19 de noviembre de 1493, Cristóbal Colón llegó a la isla de Borikén (hoy Puerto Rico) en su segundo viaje al Nuevo Mundo. Este encuentro marcó el inicio del contacto entre los taínos y los europeos, específicamente los españoles. A medida que los colonizadores españoles establecieron su presencia en la isla, comenzaron a interactuar con los taínos, lo que resultó en un intercambio cultural significativo. Los taínos influyeron en la dieta de los colonizadores al introducir alimentos nativos como la yuca y el maíz en la cocina europea.

Además, su conocimiento de la flora y fauna local fue esencial para la supervivencia de los españoles en el Nuevo Mundo. Por otro lado, los españoles llevaron a Puerto Rico elementos de su cultura, religión y tecnología, lo que también tuvo un impacto en la sociedad taína.

La conquista y colonización española en Puerto Rico representan un episodio crucial en la historia de la isla y su influencia perdura en la cultura, la lengua y la identidad puertorriqueña. Este ensayo se adentrará en los eventos y las implicaciones de la llegada de los españoles a Puerto Rico, explorando cómo este período de la historia moldeó el destino de la isla y sus habitantes.

Antecedentes: La búsqueda de nuevas rutas y riquezas

A finales del siglo XV, España, bajo el reinado de los Reyes Católicos, estaba inmersa en la exploración y conquista de nuevos territorios. Cristóbal Colón, financiado por los Reyes Católicos, llegó a las Américas en 1492, marcando el comienzo de la expansión europea hacia el Nuevo Mundo. Durante su segundo viaje a las Américas en 1493, Colón y los españoles alcanzaron las costas de la isla de *Borikén*, nombre taíno de Puerto Rico, que ya estaba habitada por la civilización taína.

La conquista española de Puerto Rico: Juan Ponce de León

El 19 de noviembre de 1493, Juan Ponce de León lideró la expedición española que desembarcó en Puerto Rico. Aunque inicialmente establecieron una colonia en Caparra en 1508, cerca de la actual capital de San Juan, los colonizadores españoles encontraron resistencia por parte de los taínos y se trasladaron posteriormente a la ubicación actual del Viejo San Juan. Ponce de León se convirtió en el primer gobernador de Puerto Rico, estableciendo el gobierno colonial español en la isla.

En 1511, los tainos, bajo el mando del Cacique Agüeybaná II, decretó la guerra (guasábara) contra los españoles y el coloniaje en Borikén. Luego de varias fieras y duras batallas, los españoles (que tenían armas superiores) derrotaron a los combatientes tainos y lograron matar a muchos, incluso al Cacique Agüeybaná II. Luego de esta derrota, los tainos (juntos con los caribes) se refugiaron en el interior de la isla lejos de San Juan y otros pueblos.

A este acto patriótico de defensa anticolonial y grito de libertad se le llama la Guasábara del 1511. Por las próximas décadas, los indígenas (tainos-caribes), desde sus bases en los bosques de la Cordillera Central, lograron atacar a San Juan y otros pueblos del país.

La explotación y transformación del territorio

Durante la colonización española, Puerto Rico experimentó una transformación significativa en su paisaje y economía. Los colonizadores introdujeron nuevas prácticas agrícolas y ganaderas, como la caña de azúcar y el ganado, que se convirtieron en pilares económicos de la isla. Estas actividades agrícolas y económicas dieron lugar a la creación de grandes haciendas, que dependían en gran medida del trabajo esclavo de la población indígena taína y, posteriormente, de la población africana.

La imposición de la religión y la cultura española

La conquista española también trajo consigo la imposición de la religión católica y la cultura española en Puerto Rico. Los misioneros desempeñaron un papel fundamental en la conversión de los taínos al cristianismo, estableciendo iglesias y promoviendo la fe católica a través de todo Borikén. Además, los españoles introdujeron al español como lengua oficial y dominante, lo que marcó el comienzo de la hispanización de la población boricua.

A través de las décadas y los siglos, la población y la identidad boricua fue cristalizando culturalmente como sociedad y pueblo hispano y católico que a la vez nos unía a los pueblos hermanos caribeños y latinoamericanos. Este pilar y estirpe cultural hispano producto de la colonización española es fundamental en lo que luego sería la identidad nacional puertorriqueña.

Impacto en la población indígena y la diáspora africana

La conquista y colonización española tuvieron un impacto devastador en la población indígena taína de Puerto Rico. A través de la explotación laboral, la violencia y las enfermedades importadas por los europeos, la población taína disminuyó drásticamente en pocas décadas. Muchos taínos murieron (por enfermedad y maltrato) y otros fueron asimilados gradualmente a la cultura española. Otros tainos se refugiaron y establecieron comunidades aisladas y cimarronas con africanos en las montañas - lejos de los poblados españoles en el país.

A través de los siglos, los descendientes de estos tainos, africanos y españoles, juntos viviendo, amando, sobreviviendo y trabajando duro como agricultores en Borikén, formaron familias mestizas y mulatas donde amalgamaron sus culturas, identidades y formas de vivir – un proceso lento que fue creando lo que conocemos hoy como la identidad puertorriqueña.

Como podemos apreciar, el *mestizaje* se convirtió en una característica dominante de la población puertorriqueña. La mezcla de sangre taína, española y africana dio lugar a una población diversa y multicultural que influyó en la identidad, la música, la gastronomía y la cultura en general de Puerto Rico.

Con la drástica disminución de la población taína, los españoles (como otros europeos) recurrieron a la importación de esclavos africanos para trabajar en las haciendas y las minas. Esta diáspora africana, en su mayoría yoruba y bantú, contribuyó significativamente a la diversidad étnica y cultural de Puerto Rico, dejando una marca indeleble en la música, la gastronomía y la identidad nacional del pueblo puertorriqueño.

Legado y resonancia actual

El legado de la conquista y colonización española en Puerto Rico es innegable. La lengua española, la religión católica, la arquitectura colonial y la cultura hispana son testigos de esta época en la historia de Puerto Rico. La relación entre Puerto Rico y España se mantuvo hasta 1898, cuando el país fue invadido, ocupado y pasó a ser un territorio colonial de los Estados Unidos – un cambio histórico que inauguró una nueva época de nuestra historia nacional como país.

En la actualidad, la influencia española sigue siendo evidente en la vida cotidiana de los puertorriqueños. El español es la lengua principal, y las festividades religiosas católicas, como la Semana Santa, las fiestas patronales, la Navidad y los Reyes Magos, son importantes en el calendario cultural. La influencia y legado español es el hilo central que nos une cultural y lingüísticamente a la gran familia latinoamericana y caribeña.

Desde México a Argentina y desde Perú a Cuba, el idioma español y la cultura hispano-latinoamericana nos une con millones de seres en las Américas, particularmente con nuestros hermanos cubanos y dominicanos. Además, la arquitectura colonial española en el Viejo San Juan, Ponce y Mayagüez son un recordatorio histórico tangible de esta historia y cultural centenaria compartida entre Puerto Rico y España.

La colonización española en Puerto Rico es un capítulo fundamental en la historia de nuestro país. Este período de transformación cultural, económica y social dejó una huella profunda en la identidad nacional puertorriqueña actual. La herencia española, junto con las influencias taínas y africanas, contribuye a una identidad rica, única y diversa que sigue evolucionando en el siglo XXI. Reconocer y comprender este legado histórico es esencial para comprender la identidad y la cultura de Puerto Rico en su totalidad.

El período de la colonia española en Puerto Rico

El período de la colonia española en Puerto Rico abarcó más de cuatro siglos y dejó una profunda huella en la historia de la isla. Durante esta larga época, el país experimentó una serie de transformaciones en términos de historia militar, poblaciones, esclavitud, desarrollo económico, inmigración europea, revueltas, revoluciones y clases sociales.

Este ensayo explorará en detalle estos aspectos para proporcionar una comprensión completa de la época colonial española en Puerto Rico y como estos acontecimientos ayudaron a forjar la identidad puertorriqueña.

Historia militar: la defensa de Puerto Rico

Desde la llegada de Juan Ponce de León en 1508 hasta la invasión y ocupación estadounidense en 1898, Puerto Rico estuvo bajo control del imperio español. Durante este período, la isla desempeñó un papel estratégico en la defensa del imperio español en el Caribe y la zona norte de América del Sur. San Juan, en particular, se convirtió en una fortaleza defensiva y militar crucial para el imperio español.

La construcción de fortificaciones como el Castillo San Felipe del Morro y el Castillo San Cristóbal testimonia la importancia de Puerto Rico como baluarte defensivo ante las incursiones, ataques e invasiones de otras potencias coloniales europeas, como los británicos y los neerlandeses.

A pesar de los esfuerzos para defender la isla, Puerto Rico no fue ajena a los conflictos militares en suelo boricua. En 1595, Sir Francis Drake asaltó a San Juan en un intento fallido de conquistar la isla para Inglaterra. En 1598, Sir George Clifford, invadió y saqueó a San Juan, lo que resultó en una pérdida significativa de recursos y una derrota ante la defensa insular de los soldados españoles y los milicianos boricuas.

Estos ataques e invasiones extranjeras a Puerto Rico produjeron en la población boricua un sentido de patriotismo – un deber de proteger nuestro país, nuestro terruño de fuerzas invasoras. Cada vez que el pueblo boricua tuvo que organizarse y luchar militarmente contra los británicos, franceses y neerlandeses, la identidad puertorriqueña fue tomando forma y abrazando el concepto de que Puerto Rico no era un mero territorio español en el Caribe, sino que Puerto Rico era un país que teníamos que defender. Puerto Rico, para los boricuas, fue tomando forma como *su* país, *su* hogar en el mundo, y eso había que defenderlo.

Esclavitud y desarrollo económico: la economía de las haciendas

Durante la colonia española, la economía de Puerto Rico se basó en gran medida en la agricultura de exportación. Las haciendas de caña de azúcar y café eran el núcleo de la economía, y el trabajo esclavo, tanto indígena como africano, era esencial para mantener estas operaciones agrícolas y económicas. La explotación laboral y las duras condiciones de trabajo de los esclavos africanos marcaron profundamente la historia política, cultural y económica de Puerto Rico.

La producción de azúcar, en particular, se convirtió en una industria clave y lucrativa para los hacendados y el gobierno colonial. Sin embargo, las fluctuaciones en los precios internacionales del azúcar y la competencia de otras colonias azucareras en el Caribe llevaron a periodos de crisis económicas en la isla.

Inmigración europea: los corsos, canarios y otros europeos

Además de la población indígena, africana y española, Puerto Rico también recibió la inmigración de otros grupos europeos. Los corsos, por ejemplo, se establecieron en la isla y jugaron un papel importante en la defensa de San Juan durante los ataques británicos en el siglo XVII. Los corsos influyeron en la cultura y la sociedad de la isla, dejando un legado duradero. Los canarios también se establecieron en Puerto Rico, fundaron pueblos y apoyaron el crecimiento económico del país con sus empresas y fincas.

Con la Real Cédula de Gracias de 1815, España pudo atraer a más inmigrantes europeos a Puerto Rico para no solamente aumentar la población, sino también desarrollar la economía insular y atraer capital y recursos económicos y tecnológicos. Estos nuevos inmigrantes a Puerto Rico (que solo tenían que jurar lealtad a la Corona Española y ser católicos) recibieron tierras para sus operaciones agrícolas y económicas. Durante esta época, había una crisis económica y mucha pobreza en Europa, lo que ayudó a que muchos europeos decidieran inmigrar y establecerse en Puerto Rico y comenzar una nueva vida.

Además de promover la migración de más españoles (canarios, andaluces, catalanes, gallegos y mallorquines) a Puerto Rico, la Real Cédula de Gracias de 1815 también logró atraer a Puerto Rico a miles de europeos no-hispanos, como los irlandeses, los corsos, los sardos, los franceses, los alemanes, los ingleses y hasta a algunos estadounidenses.

Con miras de aumentar su población trabajadora y debilitar a otras colonias europeas vecinas, España promulgó una política donde todo aquel esclavo africano de otra colonia europea en el Caribe que logra escapar y llegar a Puerto Rico será libre. Esta política logró que miles de esclavos africanos escaparan de las colonias británicas, francesas y neerlandesas y llegaran a Puerto Rico donde serian libre y podrán trabajar y formar parte de la sociedad puertorriqueña. Muchos de estos africanos, al ser liberados en Puerto Rico, se establecieron en la comunidad de San Mateo de los Cangrejos, hoy Santurce.

Como se podrán imaginar, todos estos nuevos inmigrantes europeos y africanos a Puerto Rico lograron impactar y enriquecer a la cultura e identidad puertorriqueña. Por ejemplo, hoy en día, podemos apreciar a los miles de boricuas con apellidos irlandeses (O'Daly), ingleses (Brugman), corsos (Luchetti), alemanes (Stahl), franceses (Beauchamp) y muchos más. Con el tiempo y el mestizaje boricua (lo que yo llamo el *"sancocho cultural boricua"*), estos inmigrantes fueron gradualmente integrados y asimilados a la sociedad, cultura e identidad puertorriqueña.

Revueltas y clases sociales: descontento y rebelión

A lo largo del período colonial, surgieron revueltas y movimientos de resistencia contra el despótico gobierno colonial español; la falta de derechos políticos y civiles; y las condiciones horrendas de explotación que impactaba a la gran mayoría del país, particularmente a los esclavos y los pobres jornaleros. Uno de los más notables fue el Grito de Lares en 1868, un intento por la independencia y libertad nacional liderado por el Dr. Ramón Emeterio Betances y Segundo Ruiz Belvis. Aunque la revuelta patriótica fue sofocada por el gobierno colonial español, marcó un hito importante en la lucha por la libertad e independencia de Puerto Rico.

En términos de clases sociales, la sociedad colonial estaba marcada por una estructura jerárquica racial y política. Los blancos, incluyendo a los españoles nacidos en la península (peninsulares), inmigrantes europeos y a los españoles nacidos en la isla (criollos), ocupaban posiciones dominantes en la sociedad puertorriqueña. Sin embargo, aun dentro de la casta blanca colonial del país, había una jerarquía insular: el español peninsular (nacido en España) tenía más poder político y económico que el español criollo blanco boricua nacido en Puerto Rico.

Es decir, que, en la sociedad colonial del país, el español peninsular discriminaba en contra del español criollo boricua. Con el tiempo, esta situación de discrimen y tensión social llevó a muchos criollos a reclamar la igualdad entre peninsulares y criollos, mientras que otros criollos empezaron a contemplar un Puerto Rico libre sin peninsulares. Entre los criollos blancos boricuas, había división: unos querían seguir tratando de ser iguales a los peninsulares y otros, cansados del abuso y discrimen social, querían reformar o romper la jerarquía colonial para el disfrute de los criollos y la sociedad boricua en general.

De estos criollos molestos con el gobierno español, algunos planteaban la autonomía y otros planteaban la independencia. Claro, para los españoles peninsulares, estos criollos molestos (autonomistas e independentistas) eran una amenaza, un desafío al gobierno español en Puerto Rico.

Poco a poco, estos criollos boricuas se dieron cuenta que no importa lo leal que sean a España, jamás iban a ser considerados igual que un español peninsular bajo el gobierno colonial español vigente. Muchos criollos boricuas empezaron a relegar su "españolidad" a un lado y abrazar, por fin, su "puertorriqueñidad".

Ante tanto abuso y discrimen de parte de los peninsulares, muchos criollos, influenciados por la Revolución Francesa y la revolución independentista latinoamericana liderada por Simón Bolívar, empezaron a considerar a Puerto Rico como su país – su patria.

Estos sucesos fueron importantes para la identidad puertorriqueña porque era el comienzo de ver a Puerto Rico y su identidad no como parte de España, sino como su propio país con su propia cultura e identidad nacional puertorriqueña. Para el criollo, ser boricua ya no era ser como un andaluz, un canario o un gallego, sino era ser caribeño y latinoamericano como un cubano, dominicano, colombiano, venezolano y peruano.

Mientras que los españoles peninsulares y los criollos boricuas blancos luchaban entre ellos por el poder en la sociedad insular, los mestizos, los mulatos y los esclavos africanos ocupaban posiciones subalternas y sufrían discriminación y explotación bajo el gobierno colonial español. Añádale a esta pirámide colonial de clases sociales y poblaciones marginados a los jíbaros, los jornaleros, los criollos pobres, los negros libertos y a las mujeres boricuas (de toda clase social).

Todos estos sectores sociales tenían sus aspiraciones y luchaban por sus propios intereses y derechos en los muchos conflictos sociales, económicos y políticos de la sociedad puertorriqueña bajo el coloniaje español. Sin lugar a dudas, las identidades, las culturas, las experiencias y las luchas de todas las clases sociales boricuas contribuyeron y enriquecieron la naciente y poderosa identidad nacional puertorriqueña.

El período colonial español en Puerto Rico fue una larga época compleja, transcendental y tumultuosa en la historia de nuestro país. Se caracterizó por grandes conflictos militares, sociales y culturales; la mezcla y fusión de culturas, pueblos y razas; el despotismo colonial y la explotación económica; y las luchas por la independencia y los derechos civiles.

En 1897, luego de años de luchas y sacrificios, los puertorriqueños, liderados por Luis Muñoz Rivera y los autonomistas, lograron negociar y obtener del gobierno español en Madrid una plena autonomía enmarcada en una nueva Carta Autonómica. Esta autonomía no era la soberanía plena, pero era el gobierno insular que más derechos y poderes políticos y económicos Puerto Rico haya tenido en su historia moderna.

Bajo la Carta Autonómica, Puerto Rico obtuvo su propio gobierno y parlamento autonómico democráticamente electo, moneda propia (el peso puertorriqueño) y el poder de establecer tratados y acuerdos económicos y comerciales con otros países. Increíblemente, Puerto Rico tenía más libertad, autonomía y poderes políticos bajo la monarquía española en 1897 que la que tiene hoy en día como un "Estado Libre Asociado" colonial bajo los Estados Unidos.

A pesar de los desafíos, limitaciones democráticas y dificultades políticas y económicas, el período colonial español dejó un legado cultural, lingüístico, espiritual, histórico y diverso que formó y sigue influyendo en la cultura e identidad nacional puertorriqueña actual. El conocimiento y la comprensión de esta historia son esenciales para apreciar plenamente la cultura y la identidad puertorriqueña en la actualidad.

CAPÍTULO 5

Puerto Rico bajo el dominio colonial de los Estados Unidos

El período de dominio de Puerto Rico por parte de los Estados Unidos, que comenzó en 1898 tras la Guerra Hispanoamericana, es un capítulo fundamental en la historia de nuestro país. Este ensayo explorará en profundidad cómo esta nueva relación colonial estadounidense ha afectado a Puerto Rico y la nacionalidad puertorriqueña en términos de política, economía, cultura, sociedad y su lucha por la autodeterminación e independencia.

La Guerra Hispanoamericana y el Tratado de París

El 12 de mayo de 1898, escuadrones navales estadounidenses efectuaron un bloqueo del puerto de San Juan y bombardearon a la ciudad. Tal ataque dejó a varios puertorriqueños muertos y edificios históricos destruidos. El 25 de julio de 1898, las tropas estadounidenses invadieron y desembarcaron por Guánica durante la Guerra Hispanoamericana y empezaron la ocupación militar del país. Soldados españoles y milicianos puertorriqueños respondieron y contraatacaron a los invasores estadounidenses.

Luego de unas victorias estadounidenses, las fuerzas invasoras fueron derrotadas en la Batalla del Asomante, en Aibonito. Sin embargo, España se rindió ante los Estados Unidos y decidió ceder a Puerto Rico y otros territorios a tal país, lo que puso al fin al imperio español en las Américas.

El 10 de diciembre de 1898, el Tratado de París puso fin oficialmente al conflicto, otorgando a los Estados Unidos la soberanía plena sobre Puerto Rico, Filipinas y Guam, mientras que Cuba obtuvo su "independencia", pero como una neo-colonia estadounidense.

Política y Gobernanza Colonial: el plan asimilista en contra de la identidad puertorriqueña

Para consolidar su poder militar, político y económico sobre Puerto Rico, lo primero que hizo los Estadios Unidos era abolir al democráticamente electo gobierno autonómico puertorriqueño y reemplazarlo con un gobierno militar que literalmente impuso una dictadura colonial sobre los boricuas.

Para este nuevo gobierno colonial militar, sus metas eran consolidar el poder estadounidense en la colonia, disolver las instituciones políticas puertorriqueñas, erradicar toda oposición a la presencia estadounidense y establecer una política oficial de americanización del pueblo puertorriqueño que incluía la asimilación cultural, política y lingüística, como era la imposición del idioma inglés en nuestro país.

Para el nuevo gobierno militar estadounidense, toda afirmación de patriotismo, identidad boricua y puertorriqueñidad era visto como una amenaza y rechazo a la cultura y sistema de gobierno de la nueva metrópolis colonial estadounidense. Para el gobierno colonial militar estadounidense y los gobiernos coloniales civiles que vendrían, Puerto Rico tenía que aceptar e internalizar el nuevo orden colonial impuesto por los estadounidenses: todo lo americano (cultura, instituciones, leyes e idioma inglés) eran superiores y más civilizados que todo lo hispano y puertorriqueño. Este concepto racista es la raíz, el pilar fundamental, de la mentalidad colonial en Puerto Rico.

Los boricuas eran visto por los estadounidenses militares, colonialistas y racistas como un pueblo y una cultura inferior, salvaje y bárbara – una isla llena de mestizos, mulatos y negros de habla hispana, pobres y católicos. Muchos americanos de la época (e incluso hoy en día) vieron su colonización de Puerto Rico como una misión civilizadora (como hacia Francia en África) - un favor al pueblo inferior y multirracial boricua para ayudarlos ser un pueblo civilizado vía la americanización y asimilación total a los Estados Unidos.

Para estos estadounidenses y colonialistas, los inferiores nativos boricuas deberían estar felices y agradecidos por tal colonización que les traería las *bondades de la civilización americana*. Al no querer abrazar estas bondades y no querer asimilarse a la cultura americana era visto por los estadounidenses, no solamente como una locura, una falta de respeto y falta de agradecimiento, sino también como sedición y una amenaza a su poderío colonial y cultural.

Estos pensamientos y políticas americanas racistas y asimilistas eran el principio de la nefasta mentalidad colonial bajo el coloniaje estadounidense que todavía existe y es alimentado y reforzado por las fuerzas asimilistas, colonialistas y anexionistas en Puerto Rico.

La mentalidad colonial es una despreciable y nefasta enfermedad psicológica que ha infectado a nuestro país y atenta en contra de nuestra existencia como pueblo.

Hoy, los anexionistas hablan de su *"gran nación americana"* y se refieren a los puertorriqueños, no como un país o una nación, sino como los *"ciudadanos americanos residentes en Puerto Rico"* – un triste intento para desnacionalizarnos y ningunearnos ante el mundo. Para los anexionistas, a pesar de décadas de tratar de extinguir e ignorar la identidad puertorriqueña, han tenido que aceptar su existencia con las muelas de atrás, pero claro, como una mera identidad inferior y folclórica donde comer un mofongo y decir "wepa" hace de uno un "boricua".

Dentro del imaginario fantasioso asimilista de los anexionistas, ser "puertorriqueño" es como ser un tejano, un californiano o un neoyorquino. Para los asimilistas e incondicionales españoles del periodo español, ser puertorriqueño era ser como un canario, un gallego o un catalán. Ahora, bajo el coloniaje americano, ser puertorriqueño era ser como un floridiano o un residente de Nebraska y New Jersey. ¿Ven el patrón colonial? Para ellos, lo boricua es siempre periférico, pequeño y en relación a una identidad foránea principal más grande, como la identidad nacional española y estadounidense.

Para el asimilista local, la identidad boricua siempre será una identidad inferior y subregional, no una identidad nacional propia de un país. Imagínese, si fuéramos colonia de Francia, estos mismos asimilistas boricuas esconderían la bandera americana, ondearían la bandera francesa y dirían entonces, para complacer a los oficiales franceses en Paris, que ser puertorriqueño es ser como un bretón, un parisino, un occitano y un burgundio.

Para el asimilista, la identidad es una mera camiseta sucia que se quita y se pone y depende de quién es la metrópoli del momento; para el boricua patriota, la identidad nacional es su alma, su ser y su espíritu. La identidad nacional puertorriqueña es nuestra conexión con nuestros antepasados, nuestra historia y nuestro futuro como nación.

Ya que no podían erradicarla por indoctrinación, violencia, miedo y terror, los asimilistas ahora intentan reducir a la identidad puertorriqueña a una mera identidad regional o estatal dentro de la nación estadounidense – una identidad que se otorga a cualquiera que obtenga una licencia de conducir de Puerto Rico.

Para el asimilista local, si John Smith de Mississippi se muda a Puerto Rico y obtiene una licencia de conducir, ahora será y podrá llamarse "*Puerto Rican*" como hacen los estadounidenses cuando se mudan a otro estado. Esta narrativa e imaginario asimilista, por risible que sea, nos deja ver claramente las maromas mentales y ridiculeces intelectuales vergonzosas que los anexionistas están dispuestos a entretener y justificar para darle vida artificial a su fallido proyecto colonial y anti puertorriqueño.

Para el asimilista, la historia puertorriqueña no vale por si sola, tiene que estar siempre subordinada a la narrativa triunfalista y asimilista de la historia estadounidense. El asimilista, como se darán cuenta, tratará de buscar cualquier conexión Boricua con la historia estadounidense, aunque sea un dato insignificante.

Si algún Boricua levantó una caja, tapó un roto o condujo un camión militar para el U.S. Army en una guerra, el asimilista utilizará tal relato como prueba contundente de la gran contribución Boricua a la nación e historia estadounidense. El asimilista quiere ser relevante, apreciado e importante para los Estados

Unidos, aunque, como sabemos, la sociedad estadounidense ha ignorado y despreciado a nuestro país y nuestra cultura desde que llegaron a Puerto Rico con bombardeos, invasiones, matanzas y humillaciones.

El asimilista tratará, bajo la narrativa trillada de "igualdad" y "ciudadanía", que el americano empiece a considerar al boricua como parte integral de su nación, como si fuéramos parte de la familia estadounidense. Sin embargo, con más de 125 años como rehén abusado en su sótano y jaula colonial, tendríamos que esperar 500 años más para que nos suban del sótano y nos traigan a la mesa de niños y nos dejen comer las sobras de los 50 estados de la unión federal. Mientras que el boricua asimilista se emociona con sobras, humillaciones y abuso, el boricua patriota resiste y lucha por su libertad y el futuro de la nacionalidad puertorriqueña.

Todo boricua serio que reconoce su identidad puertorriqueña que haya visitado o residido en los Estados Unidos, que conoce la historia y sociedad estadounidense y que haya compartido con estadounidenses (los buenos y los malos) sabe que la identidad nacional puertorriqueña es distinta y separada de la identidad estadounidense. Nosotros no somos como ellos, somos diferentes – somos una nacionalidad, un país. Hasta los mismos estadounidenses reconocen que los boricuas son una nacionalidad y pueblo distinto.

Para los anexionistas que odian y sienten vergüenza de toda representación de puertorriqueñidad y patriotismo boricua, la identidad nacional puertorriqueña es el obstáculo principal – el muro de contención cultural y amor patrio de siglos – que jamás podrán derrumbar.

El proyecto asimilista no se podrá concretar si la identidad nacional puertorriqueña existe y sigue fortaleciéndose en nuestro país y en nuestra diáspora. Por eso el afán y la aspiración asimilista de menospreciar, invisibilizar y ningunear a la identidad y la cultura puertorriqueña. Ser puertorriqueño es tener orgullo por tu patria y como sabemos, el asimilista no tiene amor ni orgullo por Puerto Rico ni nuestra nacionalidad.

Como podrán apreciar, desde el primer día que establecieron su control y el gobierno colonial en Puerto Rico, los estadounidenses (militares, oficiales y civiles), en su afán racista y colonialista de americanizar y asimilar nuestro país y cultura, le declararon la guerra a la cultura y a la identidad nacional puertorriqueña – una guerra fea y sucia que todavía existe y se manifiesta entre los asimilistas locales y algunos estadounidenses residentes en Puerto Rico (los *"colonial settlers"* y evasores contributivos cobijados por la Ley 60) hacia el pueblo puertorriqueño, particularmente a aquellos boricuas que lideran y apoyan las luchas de resistencia patriótica, cultural y anticolonial.

Para el asimilista, la blasfemia más grande que puede ocurrir es ser confrontado por un boricua patriótico, educado, orgulloso e independentista que abraza su conciencia nacional puertorriqueña y que no le teme al régimen colonial. Para el asimilista, el boricua patriótico y educado que defiende su nacionalidad boricua y la libertad nacional ante un americano en inglés y sin miedo es una amenaza no solamente para su plan asimilista, sino también para el anexionismo y el coloniaje estadounidense en Puerto Rico.

Recuerda, como un ser consumado por el miedo y la inferioridad colonial, el asimilista local no puede contemplar, en su triste mundo e imaginario colonial, a un boricua patriota que no le teme al americano y al régimen colonial. A ese boricua patriota, como hicieron por décadas, hay que extinguirlo, humillarlo, perseguirlo, encarcelarlo, desplazarlo, carpetearlo y exiliarlo para luego decir ante las cámaras y los incautos que en Puerto Rico existe la democracia.

Como en toda colonia, los colonizadores siempre encuentran a nativos y tontos útiles dispuestos a vender su pueblo y colaborar con el colonizador en contra de la puertorriqueñidad, los intereses boricuas y las aspiraciones de la nación puertorriqueña.

En Puerto Rico, el pueblo boricua históricamente ha bautizado a tales individuos asimilistas y colonialistas como *vendepatrias*, *pitiyankis*, *traidores*, *cipayos* y *lacayos*, entre otros nombres deshonorables. Tales individuos han existido, a través de la historia humana, en todas las colonias donde se lucran del coloniaje y luchan para mantener su pueblo bajo el yugo colonial.

Los americanos anticolonialistas liderados por Jorge Washington tuvieron que lidiar con sus traidores, los americanos probritánicos llamados los *Loyalists*; los franceses bajo ocupación alemana tuvieron que lidiar con los colaboradores; y los coreanos tuvieron que lidiar con los *chinilpa* (los coreanos asimilistas y colonialistas que apoyaban el coloniaje japonés en Corea), entre otros ejemplos a través de la historia.

En Puerto Rico, tristemente, hemos tenido que lidiar primero con los *incondicionales* (españoles peninsulares y los criollos boricuas que apoyaban el coloniaje español) y luego, bajo el coloniaje estadounidense, con los anexionistas y colonialistas asimilistas locales (bajo distintos partidos y grupos) que colaboraban y siguen colaborando con el régimen colonial estadounidense. Estos anexionistas y colaboradores locales, arraigados en la cobardía, el miedo, el odio y la mentalidad colonial, históricamente han apoyado e implementaron las políticas asimilistas y coloniales en nuestro país que tanto daño le han hecho a nuestro pueblo.

La identidad puertorriqueña es un concepto innegable y una realidad tan fuerte y poderosa que ellos, los americanos y sus colaboradores asimilistas locales, tenían que destruir y extinguirla a las buenas o a las malas. Según su gran plan asimilista, al boricua dejar atrás y relegar su cultura hispano-boricua retrógrada en el basurero histórico, abrazaríamos a la gran cultura y civilización estadounidense y con el tiempo, podríamos ser algún día *"estadounidenses de origen hispano"* que viven en la jurisdicción estadounidense de "Porto Rico".

Durante las primeras décadas del coloniaje estadounidense, el departamento de instrucción pública de Martin G. Brumbaugh y Paul Miller realmente trataron de destruir, ningunear e inferiorizar a la cultura, la historia y la identidad nacional puertorriqueña para así facilitar e imponer la americanización y la asimilación cultural, vía leyes, políticas y reglamentos, a sus súbditos coloniales – los boricuas.

Aunque ya Washington, DC se dio cuenta que perdió hace tiempo la guerra contra la cultura y la identidad nacional puertorriqueña y dejó el afán de asimilarnos con imposiciones políticas y educativas, el asimilista local, todavía enamorado con su colonizador y buscando su amor y aprobación, tiene la esperanza de poder echar a pique y desmoronar a nuestra identidad y amor patrio borincano a cambio de prebendas, cupones y fondos federales.

El funesto plan asimilista, además de prostituir a la cultura, la identidad y la nacionalidad puertorriqueña, aspira que el boricua acepte su inferioridad cultural ante el americano, que internalice la mentalidad colonial que consolida y fortalece esta inferioridad, que sienta vergüenza de ser puertorriqueño y que se considere a sí mismo como estadounidense, o sea, "American" y no puertorriqueño. Los asimilistas de antaño y en la época moderna desean reducir y achicar a la identidad puertorriqueña a una mera identidad geográfica, folclórica, superficial y residencial, no reconocerla como la identidad nacional y cultural única de una nación que es.

Reconocer y aceptar que la identidad puertorriqueña es una identidad de una nación única y distinta arriesga y obstaculiza al proyecto anexionista ya que la mera existencia y reconocimiento de la identidad nacional puertorriqueña y su larga historia de resistencia contra la americanización rechaza y entierra la narrativa de que los boricuas somos y queremos ser estadounidenses en alma y cultura. Como hemos visto a través de la historia, la identidad puertorriqueña y la puertorriqueñidad son fuerzas poderosas y están a prueba de balas.

Tristemente, la mentalidad colonial y el plan asimilista que aspira americanizar, degradar, deshonrar y extinguir al pueblo puertorriqueño sigue vigente en Puerto Rico gracias a los líderes y políticos anexionistas y colonialistas del país que risiblemente se creen americanos, niegan su puertorriqueñidad y se lucren del coloniaje, del nepotismo, la partidocracia y de la corrupción en Puerto Rico.

Para el liderato anexionista de hoy, como ellos mismos han dicho en innumerables escritos, discursos, programas radiales y campañas políticas, Puerto Rico no es una *nación*, sino una *jurisdicción* de los Estados Unidos. Como ven, el complejo de inferioridad colonial y la negación de la nacionalidad puertorriqueña son fuertes y centrales pilares en el pensamiento asimilista.

Esta guerra total reprochable y sucia desde 1898 entre los asimilistas foráneos y locales contra los puertorriqueños patriotas, en relación a la existencia y la preservación de la identidad puertorriqueña, terminará en victoria solamente cuando Puerto Rico obtenga su soberanía y sea un país libre y soberano.

El coloniaje que respira a través del ELA solo alimenta y fortalece a los asimilistas locales seguir cosechando la enfermiza mentalidad colonial, mientras que la anexión (estadidad) sería la consumación colonial total y muerte eventual de nuestra identidad y nacionalidad puertorriqueña ante la nefasta ola de americanización y desplazamiento poblacional americano que vendrá a Puerto Rico – una catástrofe nacional, política, cultural, demográfica y económica que otros pueblos sufrieron y resistieron y hoy, como los hawaianos y los indígenas, son minorías marginadas y empobrecidas en sus propios países y tierras ocupadas.

Si los asimilistas y los estadounidenses no nos pueden reconocer y aceptar como un país - cómo la nación puertorriqueña que somos, entonces, los Estados Unidos no se merecen a Puerto Rico. Luego de más de 125 años de coloniaje, subordinación, terror, odio y políticas asimilistas, los estadounidenses no merecen tener nuestra soberanía y control de nuestra patria. Si no pueden aceptar nuestra identidad nacional puertorriqueña, pues, su aprobación, su opinión sobre nosotros y su nefasto coloniaje se pueden ir pa'l jurutungo viejo.

Los Estados Unidos no merecen y nunca han merecido a Puerto Rico. Somos una nación más antigua, más fuerte, más civilizada, más inquebrantable, más querida por el mundo y con más determinación de luchar por nuestra libertad y nuestro derecho de existir como nación que ellos, los colonizadores de nuestra patria.

Hemos resistido y sobrevivido a dos imperios poderosos y todavía estamos aquí. No somos perfectos, pero Puerto Rico y los boricuas nunca han sometido pueblos al coloniaje; nunca han invadido y ocupado a países; nunca han sancionado ni impuesto bloqueos a nadie; nunca han masacrado a millones de seres bajo ningún pretexto; nunca han bombardeado y destruido países y pueblos; y nunca han declarado guerras y genocidio a otros países.

Sí, somos mejores, más querido en el mundo y más civilizados que los colonizadores y los asimilistas en nuestro país que prostituyen nuestro suelo, denigran nuestra identidad boricua, imponen un gobierno colonial vía la violencia y fuerza bruta militar; y nos niegan la libertad y soberanía que ellos tanto aman para su propio país y pueblo. Son colonizadores hipócritas que no merecen tener a nuestro país como su botín colonial. Somos mejores y somos más.

Solo la soberanía política y nacional puede defender, asegurar y garantizar para siempre la existencia, preservación y desarrollo pleno en paz de nuestra cultura y nuestra identidad nacional puertorriqueña en Puerto Rico y en el mundo. Nuestra soberanía es nuestra. Tomémosla.

Lucha por la Autodeterminación: movimientos independentistas puertorriqueños

A lo largo de su historia bajo el dominio colonial español y estadounidense, Puerto Rico ha sido escenario de varios movimientos y acciones patrióticas e independentistas. Diversas revueltas ocurrieron durante el siglo XIX en contra de los españoles por parte de los puertorriqueños. Estas revueltas y acciones patrióticas e independentistas incluyeron:

1. La Guasábara Taina de 1511

2. La Conspiración de San Germán en 1809

3. La República Boricua y la Expedición de Ducoudray Holstein (1822)

4. La Conspiración de Vizcarrondo en Trujillo Bajo/Carolina (1838)

5. El Grito de Lares (23 de septiembre de 1868)

6. La Conspiración de Ciales (1870)

7. La Estrellada de Camuy (15 de febrero de 1873)

8. La Intentona de Yauco (24 de marzo de 1897)

9. La Conspiración de San Germán y Sabana Grande (1898)

10. La Insurrección de Ciales (13 de agosto de 1898)

Como suele ocurrir, gran parte de la población puertorriqueña que haya tomado cursos de historia de Puerto Rico bajo el gobierno colonial (ELA) no sabe de la mayoría de estos eventos históricos, salvo posiblemente el Grito de Lares. Es por puro diseño ya que el ELA y sus colonialistas no quieren que el pueblo boricua se entere de su gran legado patriótico por la independencia. El gobierno colonial no quiere boricuas educados, patriotas y con conciencia nacional, solo desea ciudadanos que glorifiquen al coloniaje, fondos federales y a los Estados Unidos.

Líderes y próceres puertorriqueños como el Dr. Ramon E. Betances, Segundo Ruiz Belvis y el Dr. Eugenio M. De Hostos abogaron por la independencia, mientras que otros, como Luis Muñoz Rivera, Baldorioty de Castro y el Partido Autonomista Puertorriqueño, promovieron y lograron en 1897 la Carta Autonómica, un estatus que brindaba una plena autonomía política y económica dentro de la relación con España.

Tan pronto se inauguró el nuevo y democráticamente electo gobierno autonómico puertorriqueño en 1898, Puerto Rico fue bombardeado, invadido, ocupado y adquirido por los Estados Unidos tras la Guerra Hispanoamericana. Tristemente, ahí terminó el Puerto Rico autonómico y empezó un nuevo y vergonzoso periodo de dominio colonial en nuestro país.

El período de dominio colonial de los Estados Unidos en Puerto Rico ha sido un período complejo, difícil y a menudo controvertido en la historia de nuestra nación. La relación colonial ha influido en todos los aspectos de la vida en Puerto Rico, desde la política hasta la economía, la cultura y la identidad. La lucha por la autodeterminación y el estatus político sigue siendo un tema central en la vida puertorriqueña, y el futuro de nuestra nación sigue siendo incierto.

La historia de Puerto Rico bajo el dominio de los Estados Unidos es una historia de resistencia, adaptación y preservación de identidad, cultura e idioma en un contexto colonial en constante evolución.

Líderes y próceres puertorriqueños como Pedro Albizu Campos, José De Diego, Lolita Lebrón, Matienzo Cintrón, Gilberto Concepción de Gracia y Blanca Canales abogaron por la independencia y la liberación nacional, mientras que otros, como Luis Muñoz Marín, promovieron el colonialismo vía el Estado Libre Asociado (ELA), un estatus político colonial de 1952 que brindaba cierta autonomía política, fiscal y económica dentro de la relación colonial de subordinación política y económica con los Estados

Unidos. Es decir, aún bajo el afamado Estado Libre Asociado de Muñoz Marín, Puerto Rico siguió siendo una mera colonia de los Estados Unidos.

Los referendos para cambiar el estatus político de Puerto Rico desde 1967 han sido recurrentes, pero no han logrado un consenso claro ya que existe división en Puerto Rico y la solución final lo determina el gobierno estadounidense, no el pueblo puertorriqueño.

La relación colonial actual con los Estados Unidos, particularmente luego del caso federal *Puerto Rico v. Sanchez Valle, 579 U.S.* (2016); la aprobación de la *Ley PROMESA* (2016); y la imposición de la Junta de Control Fiscal que controla el presupuesto colonial, sigue siendo objeto de debate, coraje, humillación y división política en nuestro país. Luego del caso de Sanchez Valle y la aprobación de la Ley PROMESA, toda la supuesta "soberanía" del Estado Libre Asociado fue desmentida por el propio gobierno federal de los Estados Unidos.

Es decir, el ELA nunca fue soberano y sigue siendo lo que siempre fue: una mera y crasa colonia. Albizu Campos y los independentistas que no aceptaron ni fueron engañados con el cuento de la "soberanía del ELA" y el "pacto bilateral" de Muñoz Marín tenían razón. Hoy los Estados Unidos acepta como un hecho (el ELA es una colonia) lo que los independentistas decían hace décadas. Al aceptar ante los ojos del mundo que Puerto Rico no es soberano (por ser colonia), la ONU debería añadir a Puerto Rico a la lista de países no-soberanos.

CAPÍTULO 6

Nacionalidad y ciudadanía en Puerto Rico: Un análisis de una relación colonial

La distinción entre nacionalidad y ciudadanía en Puerto Rico es un tema complejo y fundamental que ha sido objeto de debate durante décadas. Aunque los puertorriqueños son ciudadanos estadounidenses, su identidad nacional y su relación política con los Estados Unidos han dado lugar a una dualidad colonial que se explora en este ensayo.

Nacionalidad y Ciudadanía: conceptos claves

Para comprender plenamente la dinámica de la nacionalidad y la ciudadanía en Puerto Rico, es esencial definir ambos conceptos. Según el Diccionario de la Real Academia Española (RAE), la palabra "**nacionalidad**" se define como "condición y carácter peculiar de los pueblos y habitantes de una nación."[7] **Nación**, según la RAE, se define como un "conjunto de personas de un mismo origen y que generalmente hablan un mismo idioma y tienen una tradición común."[8] La nacionalidad se refiere a la identidad cultural histórica y el sentido de pertenencia a una nación en particular. Puede basarse en la cultura, la historia, la lengua y otros elementos compartidos de un pueblo que se reconoce a sí mismo como nación, un grupo étnico distinto.

Según el Diccionario de Cambridge, **etnia** o grupo étnico se define como "un grupo numeroso de personas con una cultura, lengua, historia, conjunto de tradiciones, etc. compartida, o el hecho de pertenecer a uno de estos grupos."[9] Según el Diccionario Merriam-Webster, etnia o grupo étnico se define como "perteneciente o relacionado con grandes grupos de personas clasificadas según un origen u origen racial, nacional, tribal, religioso, lingüístico o cultural común."

Para mí, la mejor y más actualizada definición de nación étnica es la siguiente: "etnia o grupo étnico se refiere a una categoría de personas que se consideran diferentes de otros grupos basándose en una experiencia ancestral, cultural, nacional y social común. Uno debe compartir una herencia cultural, ascendencia, historia, patria, idioma/dialecto, mitología, ritual, cocina, arte, religión y apariencia física comunes para ser considerado miembro de un grupo étnico."[10]

Los puertorriqueños, bajo estas definiciones y elementos, somos una nación – un pueblo y grupo étnico único en el mundo con su propia identidad distinta, patria, cultura, territorio, idioma, historia e idiosincrasia. Cualquier boricua orgulloso de su patria, su cultura y su pueblo sabe muy bien que Puerto Rico es una nación.

Una nación puede existir con su propio estado soberano o ser una nación sin soberanía ni estado soberano propio, como suele ocurrir con las colonias y algunos pueblos del mundo que todavía aspiran a tener un estado soberano para su nacionalidad, por ejemplo:

- los kurdos en Irak, Turquía y Siria;

- los asirios en Irak y Siria;

- los vascos, los catalanes y los gallegos en España;

- los saharauis en la Sahara Occidental;

- los escoceses y el pueblo galés en Gran Bretaña;

- los chamorros en Guam y Marianas bajo coloniaje estadounidense;

- los groenlandeses y el pueblo feroés bajo Dinamarca;

- los kanaks y los corsos bajo Francia;

- y por supuesto, los puertorriqueños bajo el coloniaje estadounidense, entre otros. Para estos pueblos sin estado soberano propio, su grupo étnico es su nación, su nacionalidad.

Por otro lado, la ciudadanía es un concepto y estatus legal y político de un gobierno soberano que le otorga a una persona unos derechos y responsabilidades dentro de un país. Según el Diccionario de la RAE, la palabra **"ciudadanía"** se define como "cualidad y derecho de ciudadano" y "conjunto de los ciudadanos de un pueblo o nación."[11]

En un país soberano con su propia ciudadanía, la ciudadanía se puede considerar como la membresía oficial del estado, la condición que hace de una persona un miembro de tal país y su gobierno soberano. Tal membresía ciudadana se adquiere por nacimiento o por vía de la naturalización - el proceso en cual uno puede adquirir la ciudadanía de un país al cual uno desea inmigrar y formar parte. Como ciudadano de un país, uno suele tener ciertos derechos y responsabilidades que une a todos los ciudadanos con el estado, el país soberano en particular.

Según la historiadora Amarilis Cintrón, "el término nacionalidad y ciudadanía tiene diversos significantes cuando se nace en un territorio que políticamente es una colonia. Hablar de nacionalidad o identidad cultural con un puertorriqueño es hacer referencia a su lugar de nacimiento: Puerto Rico como su nación."[12] Cintrón también explica que "hay que tener presente que nación y ciudadanía para los boricuas son dos aspectos distintos.

Dado que el archipiélago borincano es un territorio no incorporado porque pertenece, pero no forma parte de los Estados Unidos de América, los puertorriqueños tienen su nacionalidad con ciudadanía del imperio."[13] Esta diferencia importantísima y real entre nacionalidad y ciudadanía se vive y se reconoce en Puerto Rico todos los días. Para el boricua, su nacionalidad es la puertorriqueña, aunque su ciudadanía sea la estadounidense.

El gobierno de un país suele pensar que los ciudadanos de su país son y deben ser leales a tal país. En países donde la nacionalidad no coincide con la ciudadanía del estado (como en países multinacionales), las lealtades y los lazos de afecto entre la nación y el estado crean fricción y controversias políticas. Para la oficialidad estadounidense y los asimilistas, ser un ciudadano estadounidense (aunque tal ciudadanía fue impuesta) obliga al boricua a ser leal y obediente al gobierno de los Estados Unidos, aunque sabemos muy bien que esto no es cierto.

Para el boricua patriota que atesora su patria, su cultura y su identidad nacional, la única lealtad es hacia Puerto Rico y a la nación puertorriqueña, no a un país foráneo. Esta realidad, como es de esperarse, crea fricción y tensión entre los estadounidenses y los puertorriqueños.

En muchos países soberanos, el término "nacionalidad" también se utiliza para referirse a la ciudadanía legal de un país e implica la relación que un individuo tiene con un estado soberano.[14] Para tales países, la nacionalidad y la ciudadanía coinciden, pero en otros países no. Cabe recordar que la nacionalidad (su identidad nacional étnica) es su identidad nacional, cultural e histórica, mientras que la ciudadanía es meramente una membresía oficial de un país soberano. Aunque a veces se mezclan los términos, son conceptos diferentes.

Recuerde, uno puede adquirir o renunciar una ciudadanía vía el proceso de naturalización, firmar papeles y jurar ante una bandera, pero uno no puede adquirir o renunciar a su *nacionalidad* – tu identidad, tu etnia, tu conexión con tu pueblo, tu cultura, tus raíces, tu familia y tus antepasados. Algunas personas, incluso, tienen dos o tres ciudadanías y pasaportes, sin embargo, tienen una nacionalidad.

La ciudadanía es como una camiseta política que se pone y se quita, pero uno no puede ponerse o quitarse una nacionalidad que no es suya. Un turco que adquiere la ciudadanía alemana, por más que quiera y trate, no podrá jamás ser un alemán. Un alemán que adquiere la ciudadanía turca, por más que quiera y trate, no podrá jamás ser un turco. Un árabe que adquiere la ciudadanía francesa, por más que quiera y trate, no podrá jamás ser un francés.

Un británico que adquiere la ciudadanía china, por más que quiera y trate, no podrá jamás ser un chino. Un puertorriqueño que adquiere la ciudadanía japonesa, por más que quiera y trate, no podrá jamás ser un japonés. Claro, uno puede aprender el idioma y aprender cómo vivir y navegar la nueva sociedad y cultura de tal país vía la aculturación, pero eso no te hace un nativo, un miembro de tal nación cultural e histórica.

Si China adquiere a Puerto Rico como colonia e impone unilateralmente la ciudadanía china a todos los boricuas como hicieron los estadounidenses en 1917, ¿ahora somos chinos? Claro que no. Si Alemania adquiere a Puerto Rico como colonia e impone la ciudadanía alemana a todos los boricuas, ¿ahora somos alemanes? Claro que no. Sin embargo, según los asimilistas locales, para complacer a los nuevos amos, sí seriamos chinos y alemanes.

El asimilista tristemente se confunde y se cree que la ciudadanía impuesta por el país foráneo determina la nacionalidad e identidad de un pueblo – como si la identidad de un pueblo fuese una camiseta que se quita y se pone según la conveniencia política y colonial. El asimilista, vergonzosamente, prostituye su identidad al mejor poster o al país fuerte del momento que controla nuestra patria. Si ayer era con España y hoy es con los Estados Unidos, ¿con quién será mañana? Sin embargo, para el boricua patriota con valor y conciencia nacional, su identidad y nacionalidad es y siempre será la puertorriqueña.

Un puertorriqueño con la ciudadanía estadounidense, por más que quiera y trate, no podrá jamás ser un estadounidense o como dirían los americanos – *a real American*. Tener la ciudadanía estadounidense no nos hace estadounidenses; seguimos siendo puertorriqueños – un pueblo distinto con su propia historia y sus propias aspiraciones – solo que tenemos una ciudadanía foránea impuesta por otro país. Aun si un boricua asimilado se cree americano, eso no significa que el americano lo reconocerá como un americano – un ciudadano sí (para pagar impuestos y ser reclutado por el ejército), pero <u>no</u> un americano como ellos.

El asimilismo y la nacionalidad puertorriqueña

Ellos, los anglo-americanos blancos (los *White Americans*), son la base cultural, étnica e histórica de la sociedad estadounidense a la cual las minorías y los inmigrantes históricamente se asimilan para así poder ser "Americans" según se contempla en la teoría asimilista del "Melting Pot"[15] (el crisol cultural) - donde las minorías e inmigrantes descargan y deshacen de sus culturas e idiomas para adoptar y moldearse bajo la imagen y valores de los americanos[16].

Este descargue cultural ocurre vía la presión social para asimilar a los jóvenes en las escuelas (indoctrinación y burlas a su cultura e idioma) y a veces vía la violencia física e institucional[17] que logró destruir las culturas e idiomas nativas e hispanas.

Abundan las historias de directores escolares y maestros estadounidenses que le daban palizas, humillaban, le ponían jabón en las bocas, imponían castigos severos[18] y hasta abusaban físicamente a estudiantes indígenas y de otros pueblos que hablaban otro idioma que no fuera el inglés.

Este abuso asimilista ocurrió no solamente con inmigrantes[19], sino también con pueblos étnicos domésticos como los indígenas[20], los rusos mestizos de Alaska, los hispano-nuevomejicanos, los hispano-tejanos, los hispano-californios, los hispano-floridianos, los acadianos (cajuns) y criollos francófonos de Luisiana, los franco-americanos de Maine y hasta con los hawaianos en Hawái, entre otros.

El gobierno federal y los estadounidenses que se asentaron en los nuevos territorios y países ocupados impusieron un sistema político y cultural blanco supremacista con el fin de destruir tales pueblos, prohibir sus idiomas y humillar sus culturas, que eran visto por los estadounidenses como razas inferiores y salvajes que necesitaban ser americanizadas y civilizadas para así integrarlos a la afamada "American society".

El fin de la americanización es erradicar su cultura, su identidad de pueblo distinto y reemplazarlo con la cultura y la identidad estadounidense, con violencia y abuso si fuese necesario.

Los estadounidenses, en su afán de americanizar a los puertorriqueños[21], también importaron estas nefastas políticas y tácticas bárbaras y racistas a nuestro país e impusieron décadas de americanización y asimilación que los boricuas tuvieron que resistir y finalmente derrotar. Incluso, el gobierno colonial envió a varios jóvenes boricuas al Carlisle Indian Industrial School en Pennsylvania para mejor civilizarlos.[22] En la obra *"Kill The Boricua, and Save The Man"*, Pablo Navarro-Rivera explora la política y documenta la experiencia de jóvenes puertorriqueños que, desde 1898 al 1918, fueron enviados al Carlisle Indian Industrial School para ser reeducados, asimilados y americanizados.[23]

Es decir, el gobierno colonial y el Departamento de Instrucción Pública (liderados por americanos de la calaña asimilista de Brumbaugh y Miller) enviaron a jóvenes boricuas a una institución "escolar" en los Estados Unidos donde el plan ulterior no era educarlos a ser doctores o abogados, sino extirpar y arrancarles a estos jóvenes su idioma, su cultura y su identidad puertorriqueña inferior y reemplazarla con el idioma inglés y la cultura e identidad estadounidense, que por supuesto, era la identidad superior y civilizada.

Al pensar en el terror, el miedo, las humillaciones y los abusos físicos y psicológicos que estos jóvenes boricuas tenían que lidiar, aguantar, resistir y superar y se me parte el corazón. Ante las quejas de los estudiantes a sus padres en Puerto Rico del trato cruel y horrendo en Carlisle, hasta el propio Luis Muñoz Rivera fue a la escuela, conversó con los estudiantes boricuas y fue testigo de las políticas y prácticas crueles, humillantes y asimilistas que estos estudiantes boricuas estaban sufriendo.[24]

Según Sonia M. Rosa, autora de la obra "*The Puerto Ricans at Carlisle Indian School*", los puertorriqueños "fueron enviados a Carlisle como parte de un programa muy estructurado y abierto para americanizar a los puertorriqueños después de la Guerra Hispano-Americana."[25]

Además de reeducar, civilizar y asimilar a los jóvenes puertorriqueños en los Estados Unidos en instituciones como la Carlisle Indian Industrial School, Rosa afirma que "profesores americanos llegaron a la isla con el único propósito de enseñar en inglés. Era la intención no sólo sustituir el idioma sino también cambiar el sistema de valores y 'americanizar' a los puertorriqueños a través del proceso educativo."[26]

Una obra importante sobre el tema de la americanización en Puerto Rico, titulada "*Creating Tropical Yankees*", de José-Manuel Navarro, presenta en detalle la historia de la educación colonial en Puerto Rico y cómo las escuelas fueron utilizadas abiertamente para la asimilación y americanización del pueblo puertorriqueño. Todo puertorriqueño interesado en este tema importante debería leer y estudiar estas tres obras para mejor entender las políticas de americanización impuestas a los boricuas. Este funesto proyecto asimilista, como los otros, también fracasó. Los Estados Unidos no pudieron destruir y americanizar a la nación puertorriqueña.

Recuerda, para los asimilistas y los estadounidenses colonialistas que viven de y glorifican su coloniaje sobre nuestra patria, la existencia de la nación puertorriqueña es un crimen.

Sin embargo, aun uno asimilándose a la cultura anglo-americana, hablando inglés, ondeando la bandera americana, comiendo apple pie en Thanksgiving, celebrando a los Pilgrims y un equipo del NFL y considerándose un "American", la misma sociedad estadounidense (construida sobre una zapata blanca, anglosajona, racista y supremacista) te discriminará y te recordará constantemente que usted no es ni jamás será un "American" como ellos.

Sin embargo, a los estadounidenses les gusta ver a uno querer asimilarse a su sociedad y cultura estadounidense, pero, se sabe muy bien que usted, como minoría e inmigrante latino con piel canela y hablando inglés con acento, jamás será un verdadero "American".

Según la Liga Antidifamación (ADL), una organización no gubernamental internacional con sede en Estados Unidos que se especializa en leyes de derechos civiles y combate el antisemitismo, el racismo y el extremismo, "los supremacistas blancos cometen el mayor número de asesinatos relacionados con extremistas nacionales en la mayoría de los años, pero en 2022 el porcentaje fue inusualmente alto: 21 de los 25 asesinatos estuvieron relacionados con supremacistas blancos. Una vez más, esto se debe principalmente a tiroteos masivos."[27]

Según Newsweek, "los supremacistas blancos han matado aproximadamente nueve veces más estadounidenses que los extremistas musulmanes durante ataques terroristas llevados a cabo en Estados Unidos en los últimos años, según un informe publicado por la Base de Datos Global sobre Terrorismo del Consorcio Nacional para el Estudio del Terrorismo y las Respuestas al Terrorismo."[28]

Es decir, los blancos supremacistas y racistas extremistas son la fuerza terrorista más grande, peligrosa e influente en la sociedad y política estadounidense. De hecho, según estos datos, un puertorriqueño tiene más probabilidades de ser asesinado por un supremacista blanco americano (un ciudadano estadounidense) que por un terrorista islámico.

Si lidiar con los blancos supremacistas no era suficiente, ahora han surgido grupos racistas y neofascistas latinos compuesto por hispanos blancos asimilados, conservadores y acomplejados que se creen *Americans* y desean establecer una nueva narrativa blanca supremacista dentro del espectro conservador y derechista estadounidense.[29] Un anexionista y asimilista boricua podría decir que un boricua jamás podrá sucumbir a tales pensamientos racistas y supremacistas estadounidenses, particularmente un boricua que disfruta de la igualdad de la estadidad.

Sin embargo, en 2018, Alex Michael Ramos, un puertorriqueño residente en Georgia, fue condenado por un tribunal de distrito de Virginia a seis años de prisión por su papel en la golpiza a un hombre negro en Charlottesville, Virginia, tras la manifestación de extrema derecha "Unite the Right".[30] Hoy debemos reconocer que el legado centenario de violencia y odio anti latino en los Estados Unidos tiene sus raíces en el odio, la violencia y el terrorismo supremacista blanco.

Es la supremacía blanca anglo-americana la que promulgó y justificó la apropiación ilegal de tierras mexicanas; el sometimiento y el genocidio de los pueblos indígenas; y la invasión, ocupación y colonización de Puerto Rico, bajo la doctrina del *Destino Manifiesto* – la política y aspiración supremacista que justifica la expansión de la raza blanca anglo-americana; la invasión y ocupación de nuevos territorios; y el desplazamiento de los nativos inferiores y salvajes por los White Americans superiores.

Es la supremacía blanca y el odio anti latino, con raíces y lazos históricos, lo que sigue justificando y alimentando el odio, la aterrorización y la discriminación de los latinos en Estados Unidos.[31] Para los supremacistas blancos, ser latino y ciudadano estadounidense no importa – eso no te salva de una paliza o un asesinato.

Esta es la igualdad que viven los latinos en los Estados Unidos. Incluso, en la Florida central, donde residen miles de puertorriqueños, existe un auge de grupos blancos supremacistas y neo-Nazi[32] que odian y desean atacar y aterrorizar a los negros, los homosexuales, los asiáticos y a los latinos – incluyendo a los boricuas. Según los asimilistas, estos blancos supremacistas son nuestros conciudadanos, nuestros *"fellow Americans"* y serían bienvenidos a Puerto Rico con el estado 51.

Como boricua, ¿cómo reaccionarias al ver una marcha de americanos blancos supremacistas, racistas y neo-Nazi en el Viejo San Juan con banderas racistas reclamando la anexión; el desplazamiento racial y étnico; la americanización; la imposición del *English-Only*; y el exterminio cultural y nacional de los puertorriqueños? ¿Eso lo vamos a permitir en Puerto Rico? Jamás.

Si esa es la igualdad que mercadean y venden los anexionistas en Puerto Rico, olvídate de eso. Prefiero ser puertorriqueño, forjar nuestro camino como nación, vivir en paz y aspirar por la igualdad mundial como país libre en la comunidad internacional, no vivir como rehén despreciado, humillado y mofado en el sótano político miserable de la estadidad y sus blancos supremacistas.

Si fuésemos estadounidenses con la mera imposición de la ciudadanía en 1917, ¿por qué el afán asimilista de americanizar e indoctrinar a la nación puertorriqueña vía leyes y políticas nefastas como fue la imposición del inglés y obligar a estudiantes a cantar su himno y jurar lealtad a la bandera americana?

El régimen colonial reconoce la existencia de la identidad puertorriqueña (que consideran de raza inferior) y para americanizar al boricua (y así civilizarnos a su imagen para nuestro propio bien), tenían que denigrar, humillar y destruir a la identidad puertorriqueña para así reemplazarla con la foránea identidad estadounidense. La misma sociedad estadounidense no reconoce al pueblo boricua como estadounidense, sino como boricua, una cultura y un pueblo foráneo a lo estadounidense.

Nos toca a nosotros, la nación puertorriqueña, la defensa, la salvación y la afirmación de nuestra identidad nacional como pueblo para así detener y derrotar el nefasto proyecto colonial asimilista que desea la anexión de nuestro país a los Estados Unidos. Según el líder independentista puertorriqueño Rubén Berríos Martínez, "la nacionalidad puertorriqueña, Puerto Rico como pueblo, tiene, por lo tanto, un enemigo principal: la integración a los Estados Unidos."[33] El asimilismo y todo proyecto colonialista que apoye y facilite la consolidación del coloniaje y la integración económica, política y psicológica de Puerto Rico a otro país es el enemigo de la nacionalidad puertorriqueña.

Mientras que los asimilistas y anexionistas nos empujan sutil y abiertamente hacia la funesta americanización y la integración colonial con la metrópoli foránea que tanto añoran, nosotros, los boricuas patriotas que afirman su nacionalidad puertorriqueña, tenemos que derrotar el plan asimilista, echar a pique el coloniaje y liderar al país hacia la liberación y libertad.

El racismo estadounidense, la ciudadanía y la puertorriqueñidad

El racismo estadounidense, la supremacía blanca y el etnocentrismo colonial (proclamando que la cultura y la civilización estadounidenses son superiores a la cultura e identidad inferiores de los boricuas) disgustaron y alienaron a muchos puertorriqueños y les hicieron afirmar su propia herencia histórica, su cultura y su identidad nacional puertorriqueña frente al poder y el racismo colonial estadounidense.

Esta afirmación de la identidad nacional y la *puertorriqueñidad*, a través de los años y los sacrificios, llevó a muchos puertorriqueños a abrazar el nacionalismo y apoyar la independencia y soberanía de Puerto Rico frente al racismo, los abusos, los excesos y las humillaciones del dominio colonial extranjero; la persecución de los patriotas e independentistas; la humillación de la subordinación política; y la explotación colonial económica de los Estados Unidos.

Para la sociedad estadounidense (donde muchos ni saben que Puerto Rico existe, mucho menos que es colonia), la ciudadanía no importa en cuanto a quien es parte integral del pueblo estadounidense. Ellos son *Americans* y nosotros somos *Puerto Ricans*. No importa lo mucho que uno quiera y aspire a asimilarse a un país y nueva sociedad, nada garantiza que esa sociedad te considere uno de *ellos*, aunque usted tenga la "ciudadanía".

No importa lo mucho que un boricua asimilista con ciudadanía francesa quiera ser un *francés*, nunca será francés para la sociedad francesa. Será un boricua extraño, confundido y acomplejado con ciudadanía francesa, pero francés no es. La ciudadanía te hace miembro del estado, no miembro de la nacionalidad y la nación cultural.

En el caso de Puerto Rico, aunque los puertorriqueños son una reconocida y única nación cultural e histórica latinoamericana, también son ciudadanos estadounidenses por nacimiento desde 1917 debido a una imposición legal del Congreso estadounidense sin tomar en cuenta el sentir de los boricuas.

Incluso, bajo el liderato de José De Diego, la Cámara de Delegados (el único cuerpo legislativo insular electo democráticamente en aquel entonces) votó unánimemente y aprobó una resolución que rechazó la imposición de la ciudadanía estadounidense.[34] Este acto legislativo era una fuerte afirmación de la identidad nacional puertorriqueña. Para los legisladores boricuas de esa época, tal imposición era visto como un intento colonialista estadounidense para no solamente reclamar a los boricuas como "propiedad del gobierno federal" y "carne de cañón militar", sino también para obstaculizar la independencia.

Como se puede esperar de un colonizador, el gobierno federal estadounidense y el Congreso (que tanto repiten y vociferan la palabra "democracia") ignoraron la voluntad del pueblo puertorriqueño e impusieron la ciudadanía estadounidense con la aprobación de la Ley Jones en 1917. Según el abogado y profesor de derecho Julio Fontanet, "la ciudadanía estadounidense es un símbolo del sistema colonial que Puerto Rico viene sufriendo desde 1898; fue una ciudadanía impuesta, no fue negociada con el pueblo puertorriqueño."[35]

Puerto Rico, como colonia y nación ocupada que carece de soberanía y poder nacional propio, no tiene actualmente un gobierno libre y soberano que le pueda otorgar una ciudadanía puertorriqueña (reconocida a nivel mundial) a su propio pueblo. El régimen colonial (en su encarnación actual de ELA), vía el aparato legal y militar, prohíbe que Puerto Rico tenga y actúe con soberanía propia. El régimen colonial se convalida y justifica su propia existencia.

Esa es la esencia del coloniaje – negar el poder y la soberanía de la nación ocupada y colonizada fuera y aparte del poder colonial y claro, luego vestir tal crimen con un traje de "legalidad". Es decir, para el gobierno federal y colonial, actualmente como un ELA colonial sujeto y subordinada a las leyes federales y la constitución estadounidense, no puede existir un Puerto Rico y un pueblo boricua fuera de y no sujeto al poder de los Estados Unidos.

Cabe recordar, que desde que impusieron la ciudadanía estadounidense a todos los puertorriqueños en 1917, el gobierno federal y el régimen colonial en Puerto Rico, vía la educación, campañas políticas y los medios (impresos, radio y televisión), han indoctrinado por décadas a gran parte del pueblo a pensar que deben estar agradecidos de ser ciudadanos estadounidenses, como si fuera la ciudadanía celestial otorgada por el propio Jesucristo.

Incluso, hoy los asimilistas, anexionistas y colonialistas (que dependen y se lucran del coloniaje) repiten día tras día como papagayos mentiras, mitos y lo mucho que debemos agradecerle a los Estados Unidos por habernos "otorgado" su gran, atesorada y valiosa ciudadanía. Hoy en día, hay muchos anexionistas y asimilistas locales que, por ser ciudadanos estadounidenses, se creen mejores y superiores a cualquier ciudadano de un país caribeño y latinoamericano.

Atesoran tanto la ciudadanía americana, como suelen decir, que tristemente se creen que son estadounidenses y herederos del gran legado y poderío de la "nación americana" - cuando realmente son rehenes y prisioneros coloniales en el sótano político de los Estados Unidos. Son como el esclavo casero que se cree miembro de la familia del amo. ¡Qué vergüenza!

Obviamente, a los asimilistas y a los agradecidos, se les olvida que tan pronto se aprobó la Ley Jones de 1917 y se impuso la ciudadanía a los boricuas, se aprobó la Ley de Servicio Selectivo que extendió el servicio militar obligatorio a Puerto Rico – donde más de 236,000 puertorriqueños fueron conscriptos al servicio militar durante la Primera Guerra Mundial y aproximadamente unos 20,000 fueron al frente de batalla.[36] Es decir, al imponernos la ciudadanía estadounidense por decreto, la sociedad y el gobierno americano no nos abrazó y nos dio la bienvenida a la familia estadounidense – no, claro que no.

Al ellos convertirnos en ciudadanos estadounidenses, lo primero que hicieron los americanos fue establecer el servicio militar obligatorio para reclutar más soldados coloniales boricuas para cubrir un frente, excavar una trinchera y matar a otros soldados en países lejanos a nombre de los Estados Unidos y la "democracia" – sí, la democracia que no existe en Puerto Rico desde 1898.

Como hacía Gran Bretaña, Holanda, Portugal y Francia en sus colonias caribeñas, africanas y asiáticas, los Estados Unidos ahora tenía acceso a una gran reserva de tropas coloniales boricuas para mejor consolidar y expandir su poderío político, económico y militar en el mundo. Según el Dr. José "Che" Paralitici, autor del libro "*No quiero mi cuerpo pa' tambor - El servicio militar obligatorio en Puerto Rico*", el servicio militar obligatorio "ha sido considerado como un tributo de sangre y como la medida más opresiva y oprobiosa para un pueblo colonial impuesta por la metrópolis."[37]

A través de los años, miles más fueron reclutados para guerras y acciones bélicas en otros países. Desde que la ciudadanía estadounidense les fue impuesta a los boricuas con la Ley Jones de 1917, "sobre 200,000 puertorriqueños han ido al frente de guerra en todos los conflictos armados desde 1917 en que Estados Unidos se ha involucrado."[38] Según el Departamento de Asuntos de Veteranos del gobierno federal en un comunicado de 2010, han habido un total 116,029 veteranos de Puerto Rico (mis abuelos incluidos) y más de 1,225 puertorriqueños han muerto mientras servían como soldados para los Estados Unidos.[39]

La ciudadanía estadounidense, el coloniaje y la pobreza en Puerto Rico

La ciudadanía estadounidense no era la llave del bienestar y el progreso que muchos pensaban, sino la llave y el camino hacia la pobreza, el servicio militar obligatorio y el control colonial y político de la población. Según el periódico El Vocero, los datos más recientes de la Encuesta sobre la Comunidad de la Oficina del Censo de EE.UU. (2021-2022), "los porcentajes relacionados con la situación de pobreza aumentaron de 40.5% a 41.7% en la población general; de 54.9% a 57.6% en los menores de 18 años, y en las familias de 36.7% a 38.8%."[40]

O sea, que aun con los fondos federales y los supuestos "beneficios" de la ciudadanía estadounidense que tanto alaban y atesoran los anexionistas y asimilistas en Puerto Rico, la pobreza extrema general aumentó a niveles preocupantes e impacta directamente a casi 60% de los menores del país que diariamente viven y sufren esta precaria condición económica.

Según el estudio *"Pervasive Poverty in Puerto Rico: a Closer Look"* (2023) del Centro de Estudios Puertorriqueños de Hunter College-CUNY, desde el 2021, "el porcentaje de la población de Puerto Rico que vivía por debajo del nivel federal de pobreza fue del 43%."[41] Esto lo que indica, es que, a pesar de ser ciudadanos estadounidenses desde 1917, no existe una correlación directa entre ser ciudadano estadounidense, el alivio de la pobreza y el crecimiento y desarrollo económico general del pueblo puertorriqueño.

Es decir, la ciudadanía estadounidense en Puerto Rico, en vez de fomentar la riqueza y mejores ingresos para el pueblo boricua, solo consolidó el coloniaje; facilitó el reclutamiento militar; acrecentó el costo de vida; y aumentó la pobreza extrema y la dependencia que viven y sufren los puertorriqueños. Aun con estos datos incómodos y vergonzosos, los asimilistas del PNP y colonialistas del PPD exigen (vía la propaganda y el miedo) que los boricuas atesoren la "ciudadanía de la gran nación americana."

Más de 125 años bajo la bandera y el gobierno colonial de los Estados Unidos y gran parte de nuestro país todavía sufre la pobreza extrema, la dependencia económica, la corrupción gubernamental, apagones energéticos, desplazamientos, productos importados carísimos, nepotismo, dejadez administrativa, agua sucia, crímenes ambientales y la falta de seguridad, entre otros grandes problemas que el régimen colonial no puede ni quiere resolver.

Ante este fracaso total, el gobierno colonial (bajo las administraciones rojas y azules) sigue repitiendo día tras día que Puerto Rico está bien, seguro y progresando bajo la tutela y dominio de los Estados Unidos – a la cual debemos atesorar.

Que fácil y conveniente es para los colonizadores que, con la violencia y la fuerza bruta militar, imponen su ciudadanía y establecen un régimen foráneo colonial sujeto totalmente a ellos y que determina, con las togas negras, que es legal e ilegal en Puerto Rico.

Y esto, damas y caballeros, en Puerto Rico los asimilistas y colonialistas llaman "democracia". El chiste se cuenta solo.

La ciudadanía estadounidense, los Casos Insulares y el "Territorio No Incorporado"

En 1917, como explicamos, el Congreso de los Estados Unidos impuso, sin el consentimiento del pueblo puertorriqueño, la ciudadanía estadounidense a los puertorriqueños a través de la Ley Jones-Shafroth, también conocida como la Ley Jones de 1917.

Esta legislación tenía como objetivo, además de obstaculizar a la independencia, permitir que los puertorriqueños fueran reclutados voluntariamente e involuntariamente en el ejército estadounidense durante la Primera Guerra Mundial y guerras posteriores mediante el servicio militar obligatorio. La Ley Jones de 1917 también proporcionó unos cambios y reformas a la estructura legal y administrativa del gobierno colonial de la isla.

Sin embargo, la imposición de la ciudadanía estadounidense no otorgó automáticamente a Puerto Rico el estatus de estado federal de la Unión, o sea, la anexión. En cambio, Puerto Rico se convirtió ahora en un *"territorio no incorporado"*, lo que significa que sus residentes eran ciudadanos estadounidenses, pero no tenían representación plena en el Congreso, no podían votar en las elecciones presidenciales y que el territorio, según el Tribunal Supremo de los Estados Unidos, <u>no</u> estaba encaminado hacia la anexión o la "estadidad".[42]

Es decir, que los Estados Unidos se inventaron un término legal nuevo – *territorio no incorporado* – para un territorio que querían mantener como colonia, pero sin tener que convertirlo en un estado de su país. Lo mejor de los dos mundos – una colonia que podían explotar política y económicamente que no tenían que anexar ya que estaba poblado, según ellos, por seres salvajes e inferiores.

Los "territorios no incorporados" fueron reconocidos y ratificados por los jueces federales del Tribunal Supremo de los Estados Unidos en 1922 en los *Casos Insulares* – que son una serie de casos judiciales, repletos de pensamientos y comentarios racistas, que especificaban que tales nuevos "territorios no incorporados" (como Puerto Rico) no están destinados a ser anexados y convertirse en estados federales ya que están poblados de seres salvajes no-anglosajones y que están sujetos a la soberanía plena y absoluta de la cláusula territorial de la constitución estadounidense.[43]

Incluso, los Casos Insulares eran tan racistas, que inspiraron al gobierno Nazi de Adolfo Hitler en la creación de leyes discriminatorias contra los judíos y otras poblaciones. Según Roddy Slorach (en un artículo sobre el autor Stefan Kühl y su libro *"The Nazi Connection: Eugenics, American Racism, and German National Socialism"* sobre la influencia legal y política estadounidense en las políticas racistas Nazi), los Casos Insulares y las leyes racistas y discriminatorias estadounidenses inspiraron y les dieron legitimidad a las políticas racistas alemanas conocidas como las Leyes de Nuremberg.[44]

Según Slorach, "las más importantes de las Leyes de Nuremberg – la Ley de Ciudadanía (que convertía a los judíos en ciudadanos de segunda clase) y la Ley de Sangre (que criminalizaba el matrimonio y las relaciones sexuales entre judíos y "arios") – se basaban en una serie de precedentes estadounidenses. La Ley de Ciudadanía encontró legitimidad en los Casos Insulares, una notoria serie de decisiones de la Corte Suprema a raíz de la victoria estadounidense en la guerra hispanoamericana de 1898. Estos designaron a personas de las nuevas colonias estadounidenses de Puerto Rico y Filipinas como "*non-citizen nationals*", una categoría ya establecida para los negros, los nativos americanos y los chinos."[45]

Es decir, que las leyes y los casos judiciales que rigen la relación política entre los Estados Unidos y los puertorriqueños son tan racistas, deplorables y fundamentadas en la supremacía blanca que los propios Nazi las utilizaron como modelo e inspiración para sus leyes racistas que impactaron a judíos y muchos pueblos a través de Europa. Algunos en Berlín habrán pensado, si la implementación de leyes racistas y discriminatorias funcionó en los Estados Unidos contra los negros, los indígenas y los boricuas, también podrían funcionar en la Alemania Nazi contra los judíos y otras poblaciones consideradas inferiores. En el siglo XXI, los Casos Insulares que tanto inspiró a Hitler y su gobierno Nazi todavía, con el aval americano demócrata y republicano, siguen vigente en Puerto Rico.

Las administraciones de Obama[46], Trump y Biden[47] (republicanos y demócratas que buscan apoyo y donaciones de los boricuas) apoyaron el mantenimiento de los Casos Insulares, en la medida en que le comunicaron al Tribunal Supremo de los Estados Unidos que <u>no los revocara</u> cuando estos casos fueron litigados en 2022.

Ese era el momento oportuno para revocarlos, pero estos presidentes y la rama ejecutiva federal le dijo a la rama judicial que no los revocara. Como se pudo esperar y a pesar de una campaña masiva liderada por varios grupos boricuas y progresistas, el Tribunal Supremo de los Estados Unidos decidió no revocar los Casos Insulares.[48]

Es decir, según el gobierno federal, los presidentes, los republicanos, los demócratas y el Tribunal Supremo de los Estados Unidos, los puertorriqueños, desde 1917 hasta el día de hoy, son reconocidos por la jurisprudencia estadounidense como unos seres salvajes e inferiores[49] que también son ciudadanos estadounidenses de segunda clase que podemos legalmente discriminar que viven en una colonia que no tiene ni tendrá jamás la oportunidad de ser un estado de los Estados Unidos. Los gobiernos de los presidentes Obama, Trump y Biden (republicanos y demócratas) están de acuerdo con esta política legal por sus propios hechos.

Es decir, aunque le digan a la prensa y a los pueblos colonizados que son casos judiciales racistas y vergonzosos, el gobierno federal, por sus hechos, los apoya y desea que sean jurisprudencia legal y vigente en pleno siglo XXI.

El racismo institucional, la igualdad y la ciudadanía estadounidense

Los Casos Insulares, apoyado por ambos partidos que administran el gobierno federal, justifica y legaliza la discriminación política y el racismo institucional hacia los puertorriqueños y otros pueblos bajo el coloniaje estadounidense. Ser un "ciudadano estadounidense" en una colonia (mal llamado *territorio no incorporado*) no importa ante los ojos del gobierno federal, los partidos principales y el Tribunal Supremo de Estados Unidos.

Según los Casos Insulares, apoyados por el gobierno federal de turno, a esos nativos salvajes isleños bajo control colonial se les puede y se les debe discriminar como política pública federal, aunque sean ciudadanos estadounidenses. Con amigos así, quien necesita enemigos. Como decía mi abuela, "no hay peor ciego que aquel que no quiere ver".

Damas y caballeros, aun con la afamada, atesorada y santificada ciudadanía estadounidense impuesta en 1917, la sociedad y el gobierno federal estadounidense todavía, desde 1898 y con la aprobación de sus ramas de gobierno, nos considera y nos declara ante el mundo como una raza salvaje e inferior a la cual se le puede discriminar, humillar y abusar legalmente por el hecho que somos una mera colonia bajo el poder pleno y autoritario del gobierno federal y la cláusula territorial (Art. IV, Sec. 3, C. 2)[50] de la constitución federal que permite la adquisición de territorios. Nada más, nada menos. La ciudadanía estadounidense que algunos en Puerto Rico atesoran no nos salvará de esta política pública federal racista y discriminatoria.

Incluso, en el famoso caso judicial Balzac v. Porto Rico, 258 U.S. 298 (1922) que ratificó el uso del término "territorio no incorporado", dice que "en general, por lo tanto, no encontramos ningún elemento en la Ley Orgánica de Puerto Rico de 1917 [la Ley Jones] del que podamos inferir el propósito del Congreso de incorporar a Puerto Rico a los Estados Unidos con las consecuencias que se derivarían de ello."[51]

En palabras sencillas: Según el caso de Balzac v. Porto Rico (1922), la Ley Jones de 1917 que impuso la ciudadanía estadounidense a los boricuas, de ninguna manera apoya o está de acuerdo que la incorporación y anexión del territorio sería el resultado natural de tal ciudadanía. Es decir, la imposición de la ciudadanía estadounidense no abre ni abrirá la puerta de la estadidad para Puerto Rico.

Para Puerto Rico, la puerta de la estadidad tiene 51 candados y un rótulo grande que dice *"Do Not Enter"*. Los ciudadanos estadounidenses que residen en Puerto Rico (como suelen decir los asimilistas) se tendrán que conformar con la humillación y la desigualdad de la colonia.

Hoy, hasta algunos anexionistas se dan cuenta del trato cruel y discriminatorio de parte del gobierno federal y sus Casos Insulares, pero ante la no revocación de tales casos judiciales racistas en 2022, en vez de luchar por la libertad del país, el liderato anexionista (como seres colonizados) prefieren entregar nuestro país para siempre al mismo gobierno federal que ellos dicen y reclaman que discrimina contra Puerto Rico.

Imagínese, luego de sufrir abusos y humillaciones, en vez de liberarse del maltrato, el anexionista aspira al matrimonio con el abusador porque se creen que no podrán vivir sin él y, al tener la ciudadanía estadounidense, el boricua se merece la *igualdad* – igualdad de aquel que, según los Casos Insulares, lo considera un salvaje y de raza inferior. Igualdad en un país donde supremacistas blancos atacan y discriminan contra los hispanos (boricuas incluidos) y otras minorías. Igualdad en un país sufriendo una triste descomposición social, una crisis económica, un aumento en la pobreza extrema, un aumento de las masacres en masa, una deuda pública impagable, un auge descomunal de drogadictos a opioides y fentanilo, y guerras culturales tóxicas entre conservadores y liberales.

Si bajo la igualdad federal me consideran un salvaje y un inferior, mejor opto por la libertad y soberanía nacional de mi propio país donde podré lograr la dignidad, la igualdad y el progreso económico entre las naciones libres del mundo. La ciudadanía impuesta de 1917 (según los propios americanos) no es la antesala de la estadidad como pensaban algunos, sino el sello o *carimbo colonial* para "controlar y tratar de perpetuar el colonialismo en el país, para preservar el territorio no incorporado".[52]

Según el legislador independentista Dénis Márquez,

> "esa ciudadanía y control colonial le ha permitido al Gobierno de los Estados Unidos saquear al país, permitiendo por décadas la salida constante de ganancias millonarias por parte de sus empresas. Ha tenido como resultado, además, la muerte de más de mil jóvenes puertorriqueños en sus guerras. La invocación mesiánica de esa ciudadanía ha alimentado la mentalidad colonial, minando la autoestima y el deseo de transformación política en diversos sectores de la sociedad que siguen anclados y aferrados a un sistema político inferior, como es el ELA, y a una aspiración ilusoria como la estadidad. Esa ciudadanía es el sello de control del Gobierno norteamericano. En nombre de ella se ha perseguido y reprimido al independentismo, utilizando al Tribunal federal como el instrumento principal: la persecución."[53]

Cabe destacar que los términos legalistas de *"territorio no incorporado"* y *"posesión"* son meramente unos eufemismos para no tener que decir ni reconocer lo que realmente son: *colonias*.

Eufemismos legales para los estadounidenses y los asimilistas: Llámalo territorio, no colonia

Bajo el andamiaje legal y político federal de los Estados Unidos, no se reconoce que tal país tenga actualmente colonias, sino territorios y posesiones lejanas con nativos agradecidos de ser ocupados y colonizados por los estadounidenses. Así piensan no solamente de los boricuas, sino también de los chamorros de Guam y Marianas, los samoanos de Samoa Oriental y los isleños de las Islas Vírgenes. Según los blancos civilizados del norte, todos somos unos nativos inferiores que debemos estar agradecidos y felices de ser colonias y posesiones estadounidenses.

Aunque son reconocidos por historiadores, académicos y politólogos del mundo como un impero con colonias, la sociedad y las instituciones políticas y culturales estadounidenses le tienen miedo a y rehúyen de la palabra *"colonia"* y prefieren utilizar, para no herir sus sentimientos frágiles, términos en inglés como *territories*, *non-incorporated territories*, *possessions*, *jurisdictions* y hasta *commonwealth*.

Todo menos la palabra *"colony"* ya que no es buena óptica tener colonias en pleno siglo XXI y también ser un país con un pasado anticolonialista y a la vez tener colonias. Para el gobierno federal y los asimilistas, tener *colonias* es malo, pero tener *territorios y posesiones* es bueno y refleja cierto poder mundial y guille imperial.

Los estadounidenses históricamente han actuado en el mundo como el imperio galáctico de *Star Wars*, pero se creen y quieren que el mundo los considere como los rebeldes buenos y valientes de *Luke Skywalker*. En Puerto Rico, desde 1898, los conocemos por lo que son: colonizadores, racistas y supremacistas. Como país, hemos tenido que lidiar, resistir y luchar en contra de varios *Darth Vaders* estadounidenses (Riggs, Winship y Rhoads, entre otros) que nos han enviado desde Washington, DC a través de los años muchas macanas, gases lacrimógenos, ametralladoras y células cancerosas para atacar y destruir la identidad, la cultura y la nacionalidad puertorriqueña.

Como sabemos, el asimilista local, en vez de referirse al pueblo boricua como una nación, prefiere usar los términos *territorio y jurisdicción* – para así no ofender a los frágiles oficiales federales y otros estadounidenses. El liderato anexionista y asimilista local, particularmente el gobernador Pedro Pierluisi y la comisionada residente Jenniffer González, suelen decir que los Estados Unidos es su "nación;"[54] que los puertorriqueños, en vez de una nación, son meramente "ciudadanos americanos que residen en Puerto Rico;[55] y que Puerto Rico es una mera "jurisdicción de los Estados Unidos."[56]

Estos políticos coloniales, traidores y asimilistas, día tras día, traten de ningunear e invisibilizar al pueblo boricua y la identidad nacional puertorriqueña con tales frases ridículas. Vemos como el régimen colonial ha usado y sigue usando eufemismos y términos políticos genéricos para lavarle la cara al término malo de *colonia* para que el boricua lo abrase como si fuera algo bueno y honrado.

El colonizador se cree que, con cambiar la palabra, se puede obviar y no ver el contenido real de tal palabra. Aunque la oficialidad estadounidense y los asimilistas locales digan lo contrario, un burro con maquillaje y peluca sigue siendo burro. Una colonia con traje precioso, nombre lindo y perfumada sigue siendo una colonia.

Algunas cosas no se pueden tapar con las manos. El historial sucio, torcido y feo del colonialismo es algo que nadie, aun un país poderoso, puede tapar y esconder para siempre. Sin embargo, todavía hay algunos asimilistas boricuas que se creen que al no usar los términos "colonia" y "nación" para referirse a Puerto Rico, lo hace real. Se creen que meramente llamarnos una "jurisdicción" hace real que no somos una nación. ¡Que equivocados son!

Sería como si un esclavo se liberara de la esclavitud con violencia, asesina a su amo y logra su libertad, pero luego como hombre libre que se declara abolicionista, adquiere sus propios esclavos para explotar en su nueva hacienda. Si uno le preguntara cómo él puede ser un ex esclavo y abolicionista y a la vez tener esclavos, él le podría contestar *"pero yo no tengo esclavos. ¡Que bárbaro! Yo lo que tengo son unos 'trabajadores permanentes de campo asignados a mi finca que no cobran', no esclavos."*

Los esclavos siguen siendo esclavos, aunque les cambie el nombre. Igual con las colonias y las naciones esclavas del mundo. Cada vez que escucho a un estadounidense o algún asimilista local decir que los Estados Unidos no tiene colonias, sino territorios, yo pienso en este ejemplo hipócrita.

Como he visto personalmente en varios escenarios profesionales y académicos, a los estadounidenses, particularmente a sus militares y sus políticos (liberales y conservadores), les enfada mucho si uno les dice de frente que Puerto Rico es una colonia de los Estados Unidos. No se molestan del coloniaje sobre nuestro país (ni les importa), se molestan que llamemos las cosas por su nombre cuando usamos el término "colonia", no el término que ellos prefieren "territorio" – el término preferido y lindo que no mancha su reputación de ser "*a great nation*". Verdaderamente se lo creen.

Es increíble la gran ironía de que Puerto Rico, la colonia más antigua del mundo, es a la vez colonia y propiedad federal de los Estados Unidos, el país que se canta la luz de la democracia y la libertad en el mundo. Libertad para todos, menos a nuestras colonias.

CAPÍTULO 7

Resistencia cultural y nacional en Puerto Rico: Desafiando la americanización y la imposición del inglés

El comienzo y las raíces del proyecto asimilista y de la americanización en el sistema escolar

La llegada del dominio colonial estadounidense a Puerto Rico en 1898 trajo consigo una transformación educativa que, bajo teorías y políticas racistas, buscaba americanizar y asimilar a la población boricua. Para los Estados Unidos y sus oficiales coloniales en Puerto Rico, esta política asimilista para americanizar al pueblo puertorriqueño tenía su base en el concepto del "White Man's Burden" (la carga del hombre blanco).

Esta creencia racista se fundamenta en que los colonizadores de países superiores de raza blanca (particularmente los anglosajones) tenían la carga y la obligación moral de civilizar e imponer su civilización a los súbditos de razas inferiores (negros, mulatos, mestizos, asiáticos, indígenas) en sus territorios y colonias tropicales. Otra definición de este concepto es "el supuesto deber de los colonizadores blancos de cuidar a los sujetos indígenas no blancos en sus posesiones coloniales."[57]

Bajo este concepto racista para justificar el coloniaje, los países imperialistas (Gran Bretaña, Francia, Bélgica, Portugal, España, Holanda, Alemania, Estados Unidos e Italia, entre otros) eran los países superiores que tenían la obligación de ocupar y colonizar a varios pueblos no-blancos caribeños, africanos y asiáticos para así ayudarlos, civilizarlos y asimilarlos política, económica y culturalmente a su metrópoli.

Esta "ayuda" solo ayudó económicamente al país imperialista vía la explotación económica colonial, mientras que los súbditos coloniales nativos vivían y todavía viven en la pobreza. Desde tiempos de Roma, el fin y propósito principal de una colonia es la explotación económica de sus recursos naturales y humanos y el establecimiento de un "mercado cautivo"[58] para las exportaciones de la metrópoli (como ocurre hoy en Puerto Rico bajo la dependencia económica estructural, las leyes de cabotaje y otras políticas colonialistas que limitan y obstaculizan el fomento de nuestra economía). Todo otro proyecto colonial, salvo lo militar y geopolítico, era secundario al propósito principal de explotación económica.

La asimilación cultural y lingüística de la población nativa (sea en África, Asia o el Caribe) era una estrategia a largo plazo para crear en la colonia una población de nativos adeptos, asimilados, dóciles y colonizados que, atados psicológicamente al amo, apoyen y cooperen con el coloniaje y la explotación de su propio país.

La asimilación colonial aspira crear de un ser humano libre, un esclavo casero que ama sus cadenas y se identifica con su amo. La imposición del idioma colonial y la religión cristiana (sea católica o evangélica) eran herramientas para dominar a la población y consolidar el gobierno y la economía colonial.

De este desastre cultural, lingüístico y económico colonialista basado en la violencia y el racismo es que nace la criatura que ha sido una plaga traicionera para todo país bajo dominio colonial: el *asimilista*. Como pilar fundamental de esta asimilación cultural en Puerto Rico, se encontraba la imposición del idioma inglés como medio de instrucción, un cambio que desencadenó una feroz resistencia por parte de educadores y estudiantes puertorriqueños.

Al concluir la Guerra Hispanoamericana en 1898, los Estados Unidos establecieron un gobierno colonial militar (una dictadura donde reinaban los militares estadounidenses). Este gobierno militar, además de abolir nuestras instituciones democráticas (el parlamento), impuso el inglés como único idioma oficial de Puerto Rico. El 21 de febrero de 1902, el gobierno colonial aprobó una ley "bilingüe" para utilizar el inglés y el español como idiomas cooficiales.

Sin embargo, aunque ambos idiomas eran cooficiales, era durante esta época que los estadounidenses y los asimilistas impusieron el inglés en las escuelas y trataron de asimilar y americanizar al pueblo puertorriqueño.

La resistencia boricua a la imposición del idioma inglés y la americanización

El sistema educativo colonial en Puerto Rico, liderado por estadounidenses y sus alcahuetes asimilistas, eligió al inglés como lengua principal de enseñanza, relegando al español a la categoría de lengua extranjera. La Asociación de Maestros de Puerto Rico (1911) se convirtió en una voz destacada en contra de la imposición y la supremacía del inglés en la educación, y a esta lucha se unieron los estudiantes boricuas.[59]

Esta resistencia boricua a la imposición del inglés llevó a un bajo rendimiento académico. Como resultado, en febrero de 1916, bajo la dirección del Comisionado de Educación Paul G. Miller (comisionado de educación desde 1915 hasta el 1930), se duplicó el tiempo dedicado a los cursos de español. También, las clases de matemáticas para los grados 1-4 comenzaron a impartirse en español.[60] A partir del grado 5, los cursos se impartirían en inglés. Entre 1917 y 1919, el comisionado Miller, ante las críticas y la resistencia del magisterio boricua, implantó una política de bilingüismo escolar.

Sin embargo, esta política de bilingüismo escolar también fue criticada por el magisterio y los estudiantes ya que le daba un trato preferencial y exclusivo al inglés en todas las materias (menos español) en los grados intermedios y secundarios. El magisterio y los estudiantes querían al español como el idioma principal de enseñanza y el inglés como materia secundaria. El gobierno colonial, el comisionado Miller y hasta el propio Congreso, en apoyo de la política de asimilación y americanización, ignoraron al magisterio y los estudiantes boricuas.[61]

La americanización no se limitó al idioma; también se reflejó en el plan de estudios, el día escolar y días religiosos. Los estudiantes comenzaban el día jurando lealtad a la bandera estadounidense (*"I pledge allegiance, to the flag…"*), cantando el himno estadounidense (*"O say can you see…"*) y se celebraban los todos los días festivos y patrióticos de los Estados Unidos con desfiles y eventos oficiales y escolares que afirmaban lealtad a la nación, la cultura, el gobierno y a los valores estadounidenses.

Niña puertorriqueña (c. 1930s) con la bandera estadounidense bajo la política de americanización.

Para Miller y el régimen colonial, la bandera estadounidense tenía que estar ubicuamente presente en la escuela, los salones, los eventos y en todas partes, para mejor acostumbrar al boricua con las *"Stars & Stripes"* (mejor conocida entre el pueblo como la *pecosa*).

El odio de Miller y los oficiales coloniales estadounidenses en contra la bandera puertorriqueña y todo símbolo de *puertorriqueñidad* era real y alarmante. En 1921, durante una graduación de la Escuela Superior Central, un estudiante sacó una bandera puertorriqueña y proclamó la independencia de Puerto Rico. Miller pidió a la Policía que retirara la bandera "enemiga"; los estudiantes respondieron con amenazas de abandonar la actividad."[62] Así era el clima de tensión, persecución y odio colonialista en Puerto Rico.

Incluso, ni Melchor, Gaspar y Baltasar se pudieron salvar del machetazo asimilista del gobierno colonial. Los estadounidenses, en su afán absurdo de americanizarnos y destruir la cultura e identidad nacional boricua, también prohibieron el Día de los Reyes Magos (1899-1931) y otros días feriados escolares e importantes para el pueblo puertorriqueño.

Según Juan Reus, autor del artículo *El Día de Reyes: una historia de resistencia nacional,* "la nación boricua resistió la imposición estadounidense con desobediencia civil. Los estudiantes faltaron masivamente a clases cada 6 de enero a pesar de que los maestros estadounidenses los castigaban y los amenazaban por sus ausencias. Sus padres también celebraron en masa dicho día para el cual faltaban a sus trabajos."[63] Reus también expone que "el rescate del Día de Reyes fue un gran triunfo nacional que demostró la inquebrantable fortaleza de la puertorriqueñidad en los Reyes Magos y aseguró el continuo disfrute de esta tradición y patrimonio cultural para siempre."[64]

Según el comisionado Miller y sus alcahuetes asimilistas, uno podría pensar que los Reyes Magos eran unos boricuas barbudos, separatistas y antiamericanos que, con su mera presencia y día feriado, desafiaban al régimen colonial y su política de americanización con sus camellos y regalitos para el bebé Jesús. Me imagino que para Miller y sus asimilistas, la cajita con hierba para los camellos era también un acto de desafío colonial. Así de cruel, ridículo. patético y absurdo era la política de americanización de Miller y los "grandes demócratas del norte" con la cual nuestros abuelos y bisabuelos tenían que lidiar, resistir y combatir.

Mi abuelo paterno, Tomás Hernández (nacido en 1923), me contaba como era la educación colonial en esa época. El me relató como los maestros y maestras boricuas en su pequeña escuela rural en Quebradillas discretamente impartían las clases en español para sus alumnos. Según él, los maestros tenían a un estudiante cerca de la puerta como vigilante para avisarle al maestro cuando venía o se acercaba algún oficial o maestro americano para verificar que los maestros boricuas estaban hablando inglés en sus clases. Cuando entraba el americano en el salón, el maestro boricua hablaba inglés a los alumnos. Tan pronto se iba el americano, el maestro boricua volvía a impartir su curso en español. Mi abuelo me dijo que esta situación humillante ocurrió en casi todas sus materias y cursos escolares.

La tensión y el ambiente laboral colonial era deplorable y bochornoso para estos maestros boricuas. Esta era la experiencia colonial educativa de miles de boricuas que se educaron durante esta época. Irónicamente, cuando le he contado esta historia a mis amigos estadounidenses, todos me dicen que, si un país foráneo le hubiese impuesto semejante política colonial y asimilista sobre el pueblo americano, los americanos, sin pensarlo dos veces, hubieran estallado una revolución armada contra tal gobierno colonial.

Bajo el comisionado Miller, estudiantes puertorriqueños también fueron obligados a jurar lealtad a la bandera estadounidense; a cantar himnos y canciones; y celebrar días festivos estadounidenses, como, por ejemplo, el 4 de julio y el cumpleaños de George Washington, entre otros.[65]

No éramos los únicos en el mundo sufriendo tales humillaciones y barbaridades. Al mismo tiempo que esta nefasta y burda americanización ocurría en Puerto Rico, en Asia, los japoneses estaban haciendo lo mismo (la niponización) en Corea (1910-1945)[66] y Taiwán (1895-1945)[67] (territorios coloniales japoneses en aquella época). Vía la niponización y políticas coloniales asimilistas, Japón trató de asimilar a los pueblos coreanos y chinos taiwaneses para convertirlos en japoneses. Durante esta época, Japón prohibió la educación[68] en coreano y chino; prohibió sus banderas y símbolos nacionales; y obligó a los coreanos y chinos taiwaneses a jurar lealtad a la bandera japonesa y cantar himnos y canciones patrióticas – todo para asimilarlos a la nación japonesa.[69]

Para Japón, Corea y Taiwán no eran naciones y pueblos distintos, sino que eran meramente unas regiones y jurisdicciones periféricas de Japón. En Puerto Rico, los estadounidenses y sus asimilistas hicieron lo mismo, pero con los Estados Unidos. Sea en el Caribe o en Asia, colonialistas van a ser colonialistas.

El rechazo boricua a la americanización y la narrativa colonial

Además de imponer el inglés y obligar a estudiantes jurar lealtad a la bandera estadounidense, el libro de texto oficial para enseñar la historia de Puerto Rico, titulado *"Historia de Puerto Rico"*[70] fue escrito y publicado en 1922 desde la perspectiva colonial y supremacista estadounidense por el propio Comisionado Paul G. Miller. Es decir, el colonizador escribe la historia de nuestro país (el pueblo ocupado y colonizado) y lo escribe con su perspectiva etnocéntrica y colonialista que desprecia y ningunea nuestra identidad, legado cultural e historia boricua para tratar de justificar el coloniaje americano en Puerto Rico. Sería como si Hitler escribiera un libro sobre la historia de los judíos y luego obligar a los judíos leer y estudiar tal libro por décadas. Así de absurdo y ridículo es que un americano colonialista como Miller escriba un libro sobre la historia del país y luego obligar a los jóvenes boricuas leer y estudiar su libro.

Según la historiadora Mayi Marrero, en el libro del comisionado Miller, "Puerto Rico se presentaba a los estudiantes como una isla pequeña, sin recursos y en total necesidad del amparo de la «gran nación estadounidense»."[71] El curso de historia y civismo incluía temas como la Ley Foracker de 1900, la Ley Jones de 1917 y el fomento del patriotismo hacia los Estados Unidos.[72] Como se puede apreciar, para el comisionado Miller y el régimen colonial, la meta principal de la educación colonial no era educar, sino asimilar y americanizar a la nación puertorriqueña.

En mi biblioteca personal, tengo un ejemplar original[73] del libro de Miller y cada vez que leo una sección, me enfurece que tantos boricuas, por décadas, fueron obligados a leer esta basura colonialista que promovía la asimilación y el autodesprecio del propio boricua.

No debe ser sorpresa para nadie que los mismos pensamientos, narrativas y descripciones retrógrados, asimilistas y colonialistas de Miller sobre Puerto Rico son las mismas narrativas y descripciones utilizadas hoy por los anexionistas y colonialistas del país. La narrativa colonial de que *"Puerto Rico es muy pequeño para ser libre"*, *"Puerto Rico no tiene recursos"* y *"¿Qué haríamos sin los americanos?"*

encontró su voz con Miller y su vehículo de difusión a través de su libro que desafortunadamente, logró infectar y sembrar el miedo y el autodesprecio en los estudiantes boricuas por décadas.

Con su libro y su política de americanización, Miller, con apoyo y bendición del régimen colonial, pudo consolidar y fortalecer los pilares de la mentalidad colonial en Puerto Rico a través de las generaciones. Sin embargo, aunque pudo difundir la mentalidad colonial entre la sociedad, Miller, afortunadamente, no logró destruir ni reemplazar la cultura, los valores y la identidad nacional puertorriqueña.

El nacionalismo lingüístico y la resistencia boricua

En respuesta a estas políticas asimilistas y colonialistas de Miller y su grupo de estadounidenses y boricuas asimilistas, surgió entre el pueblo el "nacionalismo lingüístico" como una manifestación de resistencia[74] de la comunidad escolar y de la nación puertorriqueña. El mero uso del idioma español y su afirmación era visto como un desafío al gobierno colonial y a los Estados Unidos. Durante esta época, los partidos políticos (Unión, Liberal y Nacionalista) también desafiaron y combatieron estas políticas asimilistas en contra de nuestro idioma y nuestra identidad nacional. Mantener, defender y usar el español era una forma de resistencia y protesta del boricua ante el burdo coloniaje estadounidense.

Para los estadounidenses del régimen colonial, al boricua rechazar al inglés y preferir el español como idioma vernáculo y principal del país, era visto como un desafío, una afrenta y una falta de respeto de un pueblo inferior al pueblo superior estadounidense. El querer seguir usando el español en la vida pública del país, para estos estadounidenses, era un rechazo contundente a su política asimilista y la americanización.

Rechazar al inglés era un rechazo a ellos, su país y todo lo que representaban. Incluso, para ciertos estadounidenses asimilistas, el hecho de los boricuas rechazar el idioma inglés y la cultura americana era una locura y muestra que los boricuas, al aferrarse a una cultura salvaje e identidad inferior, no estaban capacitados para autogobernarse. Un pueblo que rechaza la americanización y los valores estadounidenses, según los americanos, seguramente no tiene intelecto y no podrá gobernarse y valerse por sí mismo.

Ante el escenario de una masa de boricuas irrespetuosos, no agradecidos y desafiantes a la imposición del inglés y al proyecto de americanización, los estadounidenses se vieron obligados (según el concepto de que el hombre blanco tiene la obligación moral de civilizar al súbdito inferior) a seguir colonizando a Puerto Rico (por nuestro propio bien) y mantenerlo bajo la tutela y poderío del gobierno americano.

Para el gobierno estadounidense, el pueblo boricua era como un niño huérfano, exótico, feral y malcriado que heredaron al poseer una nueva finca caribeña en 1898 y que tenían, por nuestro propio bien, que asimilarnos y civilizarnos a la fuerza para así dejar atrás lo boricua y llegar a ser como ellos, los grandes y civilizados "Americans".

La americanización era necesaria, según ellos, para salvarnos de la barbarie salvaje que es la cultura boricua, hispana y latinoamericana. Para ser civilizado, en los ojos anglosajones, había que ser "American" o por lo menos tratar de aparentarlo lo más posible como hacen los asimilistas locales (hablando inglés, ondeando la pecosa, etc.).

Así pensaban y todavía piensan los oficiales estadounidenses y los asimilistas acerca de Puerto Rico. Borrachos de su *excepcionalismo estadounidense* (pensar que son la nación más superior, libre y democrática del mundo), ellos realmente se creen que su poderío y régimen colonial sobre nuestro país es un regalo al cual tenemos que atesorar y estar agradecidos.

A pesar de más de un siglo de influencia e imposición colonial del idioma inglés, Puerto Rico mantuvo y sigue manteniendo una rica expresión literaria en español y un fuerte arraigo de su lengua materna entre la población borincana.[75] Ningún país latinoamericano, salvo Puerto Rico, ha tenido que resistir el coloniaje y combatir políticas asimilistas foráneas en los siglos XX y XXI para preservar su idioma, su cultura y su identidad nacional.

Desde 1898, Puerto Rico ha tenido que luchar no solamente para lograr su libertad política y soberanía, sino también para existir como nación y país. Ningún país latinoamericano ha sufrido la humillación y el peligro de extinción nacional que los boricuas han tenido que resistir, sobrevivir y combatir década tras década contra el país más poderoso de la Tierra. Trataron de destruirnos y extinguirnos como pueblo y fracasaron – no pudieron contra los boricuas.

Puerto Rico rechazó el inglés y la americanización, hecho que todavía algunos no perdonan. Hoy somos puertorriqueños gracias a nuestros antepasados y todos los patriotas que resistieron y combatieron estos ataques culturales y políticos contra nuestro país, nuestro idioma y nuestra identidad.

El español vuelve a ser el idioma principal de la educación

No fue hasta 1948-1949 que la política educativa en Puerto Rico finalmente cambió hacia el uso del español como lengua principal de enseñanza en todas las materias, con el inglés como lengua secundaria. Esto se cumplió como resultado de promesas de campaña electoral de Luís Muñoz Marín y el PPD.[76] Este cambio "descolonizador" a la política educativa del país, sobre el veto y desaprobación del gobernador estadounidense de turno, fue celebrado y bienvenido por la mayoría del país, particularmente los estudiantes, los padres y los maestros boricuas.

En 1948, con la bendición del PPD y como resultado de un decreto del Comisionado de Educación Mario Villaronga, el español volvió a ser el idioma principal de instrucción en las escuelas de Puerto Rico[77], para todos los cursos excepto el inglés. El decreto era vinculante para todas las escuelas públicas.

Con este triunfo boricua, el plan asimilista de americanización de Miller y sus secuaces locales sufrió una gran derrota. Los boricuas, luego de medio siglo de lucha y resistencia, logramos sacar al americano y el asimilismo del salón de clases. Desde 1952 y el establecimiento del Estado Libre Asociado (ELA), el inglés y el español siguen siendo idiomas cooficiales[78] (bilingüismo oficial), pero el gobierno colonial puertorriqueño opera completamente en español. Para la gran mayoría del país y los servidores públicos del gobierno, el inglés sigue siendo un idioma foráneo que no utilizan en su diario vivir, en sus hogares, ni en sus empleos.

La nueva ofensiva asimilista: La imposición del inglés, monumentos coloniales y la americanización municipal

En 1991, el gobierno de Puerto Rico, bajo la administración de Rafael Hernández Colón del PPD, hizo del español el único idioma oficial. Este acto fue celebrado por muchos puertorriqueños y criticado por los asimilistas y anexionistas del país. Esta ley era un reconocimiento oficial de la realidad lingüística boricua. Sin embargo, el 4 de enero de 1993, la Asamblea Legislativa, con el apoyo del recién elegido gobierno anexionista del PNP de Pedro Rosselló González, aprobó el Proyecto de Ley del Senado 1, restableciendo el español y el inglés como idiomas oficiales del gobierno de Puerto Rico.

A pesar de los avances en promover el bilingüismo, el inglés todavía se percibe en Puerto Rico como un "idioma impuesto", "idioma foráneo" y una "amenaza a la identidad puertorriqueña". En Puerto Rico, donde solo una minoría domina el inglés, el inglés jocosamente se conoce como "el difícil". Según la Dra. Alicia Pousada, "en el censo de 2000, el 82.4% de los puertorriqueños mayores de 18 años afirmaron hablar inglés "menos que muy bien". Esto quiere decir que sólo el 17.6% consideró que hablaba inglés "muy bien".[79]

Según el *Perfil Narrativo de Población y Vivienda de Puerto Rico 2005-2009*, "entre las personas de al menos cinco años que vivieron en Puerto Rico en 2005-2009, el 95% hablaba un idioma distinto al inglés en casa. De aquellos que hablaban un idioma distinto al inglés en casa, más del 99% hablaba español y menos del 0.5% hablaba algún otro idioma."[80] Según datos del 2022 del

Censo de los Estados Unidos, en Puerto Rico, "un 94.9% de la población habla un idioma que no es el inglés en sus hogares (es decir, el español y cualquier otro idioma)."[81]

Aunque el español y el inglés son los dos idiomas oficiales en Puerto Rico, el español es el idioma principal y dominante en los negocios, la educación y la vida diaria en la isla, hablado por más del 95% de la población. Es decir, el español predomina en Puerto Rico como el idioma nacional y vernáculo de la nación puertorriqueña. Independientemente del estatus del inglés como idioma oficial (debido a la existencia de un gobierno colonial), el español sigue siendo el idioma más hablado, escrito y utilizado por el pueblo puertorriqueño en general.

Hoy en día, los asimilistas locales no se conforman con el bilingüismo oficial del gobierno; también desean promover el uso y el aprendizaje del inglés en la sociedad para así adelantar, según ellos, la asimilación y la anexión (la estadidad). Además de promover el establecimiento de escuelas privadas bilingües o English-Only, también utilizan el idioma inglés en la rotulación pública para así poder proyectar una imagen de americanización que ellos tanto atesoran.

Desde 1993, alcaldes y políticos anexionistas del PNP han estado promoviendo, poco a poco, el uso del idioma inglés en la rotulación municipal en ciertos municipios del país, particularmente en San Juan y Guaynabo. Muchos puertorriqueños han expresado su descontento, disgusto y preocupación por el uso de términos y frases en inglés en:

- las rotulaciones públicas de tráfico que dicen "*Welcome to Guaynabo City*" y "*Welcome to Puerto Rico*";

- en edificios públicos y áreas urbanas (*"City Hall"*, *"Museum"*, *"Stadium"* y *"Downtown"*); y

- en las policías municipales (como el *"San Juan Police Department* y el *Guaynabo City Police Departmemt"*, donde la mayoría de los agentes seguramente no hablan inglés).

Estos ejemplos son evidencia contundente de que el idioma inglés reemplazó al español en el uso oficial en tales municipios, aun cuando el propio alcalde no habla inglés. Otros municipios controlados por el PNP también han explorado el uso de rotulaciones en inglés para así mejor proyectar la imagen de americanización y congraciarse con los elementos más retrógrados, asimilistas y colonialistas del PNP. Los anexionistas, aunque actúen y se disfracen de americanos, jamás serán americanos.

Los puertorriqueños, en general, no están en contra del uso y aprendizaje del inglés (como materia escolar), reconociendo la importancia de que los puertorriqueños lo aprendan, pero afirman que no debe desplazar al español en la vida oficial y diaria. El inglés debe ser una destreza y herramienta profesional (como en otros países), no un vehículo para desplazar al español como desean los asimilistas y anexionistas del país.

Lamentablemente, los anexionistas están tratando de desplazar lentamente al español en favor del inglés para aplacar y consentir a los colonialistas estadounidenses y a los partidarios políticos asimilistas.

A estos asimilistas no les importa que Doña María del Barrio Guaraguao de Guaynabo no pueda leer ni entender el rótulo de tráfico en inglés, solo les importa que John Smith de Nebraska lo pueda leer y sentirse que está en un lugar cómodo, conocido, en inglés. Los asimilistas se preocupan por John Smith e ignoran los intereses y dificultades que Doña María tiene que manejar guiando por las calles de Guaynabo y rodeada por rótulos en un idioma extranjero que ella no entiende ni utiliza.

De hecho, los anexionistas son tan mezquinos y decididos en su deseo de una mayor americanización en el país y para enfatizar que Puerto Rico es una jurisdicción estadounidense, que, en octubre 2023, el Departamento de Transportación y Obras Públicas, llegó incluso a rediseñar la licencia de conducir de Puerto Rico agregando *"Puerto Rico, USA."*[82] Su servilismo y deseo de complacer a su base asimilista no tiene límites.

Estos intentos de americanización por parte de las agencias y los alcaldes del PNP son objeto de burla, mofa y ridiculización en Puerto Rico y se consideran, en el mejor de los casos, un ejemplo de cuán bajo llegarán algunos puertorriqueños al "imitar al colonizador". Irónicamente, los alcaldes y la mayoría de la población de estos municipios no hablan ni entienden inglés. El chiste se cuenta solo.

Los anexionistas, en su afán de asimilarse e imitar al americano sin reparos, también han erigido estatuas y monumentos que celebran a presidentes estadounidenses (Paseo de los Presidentes) y la milicia estadounidense solo para tratar de recrear una pequeña semblanza de los Estados Unidos en Puerto Rico. Los anexionistas desean que el turista u oficial americano, cuando vea tales estatuas y monumentos, piense "Ay, estos boricuas aman a nuestro país y son tan americanos como yo."

Tristemente, como seres colonizados que son, los anexionistas desean ser parte de la conversación y la sociedad estadounidense al erigir tales estatuas y monumentos – sin darse cuenta que el americano los ignora y los ha ignorado por más de un siglo. Lo que no entienden los anexionistas es que no hay suficiente estatua en el mundo para hacerte algo que no eres y jamás será.

Los anexionistas, en su guerra contra la puertorriqueñidad y la identidad boricua, no se limitan a la rotulación pública. También van tras las escuelas y tratan de revivir las viejas políticas fallidas de Miller y la americanización. Actualmente, el inglés se enseña como segunda lengua y es una materia obligatoria desde los niveles de primaria hasta bachillerato.

Sin embargo, en 2012, tomando como base las políticas asimilistas de Miller del 1922, el gobernador colonial anexionista, Luis Fortuño, propuso que todos los cursos en las escuelas públicas de Puerto Rico se impartan en inglés en lugar de español como se hace actualmente.[83]

El Gobernador Fortuño incluso apoyó programas piloto en aproximadamente una docena de más de 1,400 escuelas públicas destinados a impartir instrucción únicamente en inglés.[84] La propuesta encontró una dura oposición, disgusto y resistencia por parte de la Asociación de Maestros de Puerto Rico; los demás partidos políticos, grupos y dirigentes independentistas y patrióticos; grupos culturales e históricos; y la sociedad puertorriqueña en general.

Aunque los anexionistas dicen que desean promover el inglés y el bilingüismo bajo el disfraz de "promover oportunidades económicas y laborales"[85], todos sabemos que su plan ulterior es promover la americanización, el dominio del inglés y proyectar una imagen en los Estados Unidos de que los boricuas quieren ser estadounidenses. Estos pobres anexionistas se creen que forrar todo el país en rótulos en inglés los acerca a la estadidad. ¡Qué vergüenza! Cabe destacar que el Gobernador Fortuño, como Miller, también fracasó en su intento de imponer el idioma inglés en las escuelas de nuestro país.

Si el inglés es tan importante para los anexionistas ¿por qué la gran mayoría de los anexionistas (estadistas) en Puerto Rico no hablan ni dominan el inglés? La mayoría de los propios líderes y políticos anexionistas no saben conversar en inglés ni saben cómo cantar el himno de los Estados Unidos. Este hecho es una verdad y lo sabe el pueblo, incluso los propios anexionistas.

La politización y el futuro del bilingüismo en Puerto Rico

Salvo los hijos e hijas de la casta política PNP y PPD que estudian en colegios privados en inglés, la gran mayoría de los propios anexionistas del PNP y colonialistas del PPD no pueden hablar ni tener una conversación en inglés. Es decir, los anexionistas desean imponerle al país un idioma que ellos mismos no dominan ni desean aprender – pero (por ser colonizados) les gusta ver tal idioma en rótulos públicos porque para ellos, el inglés es el idioma de los "grandes americanos". Ver el idioma inglés, aunque no lo entiendan, los hace sentir seguros y cómodos en su mundo y burbuja colonial.

Irónicamente, según mi experiencia personal y las anécdotas de amigos y familiares, la gran mayoría de los independentistas y soberanistas del país pueden conversar en inglés y tienen un nivel alto de escolaridad, es decir, un grado universitario. Como puertorriqueño patriota e independentista nacido en San Juan y criado y formado en la diáspora boricua entre estadounidenses, además de ser bilingüe (español e inglés), puedo conversar en 10 idiomas, tengo tres grados universitarios y poseo una amplia experiencia laboral en el sector público, privado e internacional. Para mí, el inglés es importante, pero jamás se debe utilizar como hacen los anexionistas para tratar de imponer políticas asimilistas y de americanización sobre nuestro país. Jamás.

Uno se da cuenta que hay una correlación entre ser bilingüe o políglota, nivel de escolaridad y ser independentista. Yo conozco a más independentistas que hablan inglés y conocen la historia de los Estados Unidos que anexionistas. He conocido a muchos anexionistas que no hablan inglés, ondeando banderas estadounidenses, que no saben cuál es la capital de tal país ni saben de qué país los americanos se independizaron en 1776. ¿Y así quieren imponernos el inglés y la americanización?

No obstante, aunque se reconoce la importancia del inglés para el éxito profesional y económico, la disposición a aprenderlo varía según el estatus socioeconómico de las personas. Según mis propias observaciones, aquellos estudiantes de familias adineradas en escuelas privadas con muchos recursos tienen más oportunidad de aprender y dominar el inglés que aquellos estudiantes en escuelas públicas que no tienen tantos recursos. Esta estratificación educativa no debería existir en Puerto Rico.

Para mejor fomentar el bilingüismo y el aprendizaje del inglés y otros idiomas foráneos en Puerto Rico, el Departamento de Educación tiene que:

1. Reclutar más profesores de inglés (debidamente certificados) vía incentivos de mejores salarios, fomento profesional y adiestramientos continuos.

2. Establecer un currículo nacional que fomente el dominio del vernáculo español como idioma nacional y el

bilingüismo y el multilingüismo en todos los grados. Yo propondría una iniciativa llamada "**Puerto Rico Global 1+2**" (inspirada por una iniciativa de la Unión Europea) donde los estudiantes boricuas, al graduarse de secundaria, dominarán el español y dos idiomas foráneos (a nivel conversacional).

3. Implementar cursos de inmersión lingüística e intercambios culturales y escolares entre estudiantes boricuas y estudiantes anglófonos de los Estados Unidos, las Islas Vírgenes, Inglaterra y países caribeños, entre otros. También se podrá establecer intercambios culturales entre estudiantes boricuas y estudiantes boricuas de la diáspora.

4. Establecer lazos institucionales entre el Departamento de Educación y centros culturales e instituciones lingüísticas foráneas (de inglés, francés, alemán, italiano, chino, japonés y portugués, entre otros) para promover la enseñanza de tales idiomas en Puerto Rico vía la provisión de currículos, cursos, recursos y hasta de profesores.

Obviamente, el gobierno colonial de Puerto Rico, bajo el liderato PNP y PPD, no está haciendo nada al respecto – solo quieren imponer y glorificar al idioma inglés para así promover la americanización y aparentar más "American" para los estadounidenses.

Como suele ocurrir con la mentalidad colonial y la interiorización de la inferioridad, el asimilista (como ocurre con gran parte de la sociedad estadounidense) realmente piensa que existe una correlación entre dominar el idioma inglés y la inteligencia de un individuo. Para muchos estadounidenses, alguien que no hable inglés, aunque tenga un grado universitario en otro idioma, es un bruto.

El nivel de etnocentrismo en la sociedad estadounidense es realmente alarmante. Es decir, para muchos estadounidenses, si tu no habla inglés o lo hablas con un acento, eso refleja falta de educación ya que ellos piensan que todo el mundo debe querer aprender su idioma inglés y por supuesto, si lo hablas bien, significas que eres inteligente. Para tales estadounidenses y los asimilistas boricuas que se copian de ellos, un bruto que hable inglés con fluidez vale mil veces más que alguien con tres maestrías y un doctorado que no habla inglés.

Este pensamiento y comportamiento etnocéntrico lo he visto en persona en círculos sociales y profesionales con estadounidenses. Cualquier boricua con un acento en inglés que ha tenido que interactuar con estadounidenses puede confirmar este comportamiento denigrante de parte de nuestros colonizadores y supuestos *"fellow Americans"*.

En Puerto Rico, uno puede ver como los asimilistas piensan igual que los americanos etnocéntricos en relación al idioma inglés. La mentalidad colonial es una nefasta enfermedad social, política y psicológica seria.

La imposición del inglés y la americanización en el pasado dejó una cicatriz histórica profunda, un mal sabor, un recuerdo negativo y una huella de resistencia en la psiquis colectiva de los puertorriqueños. En Puerto Rico, nuestro idioma nacional es el español y eso es una realidad que ningún colonizador o asimilista puede ocultar. El inglés debe ser una materia importante y fomentada en el país (como hacen en Alemania y los países de Escandinavia, entre otros), pero no un vehículo para desplazar al español y nuestra identidad como quieren hacer los asimilistas.

Con la soberanía nacional, Puerto Rico por fin podrá dejar atrás la politización de la educación, las nefastas políticas asimilistas, establecer un sistema de educación de primera y despolitizar el bilingüismo y la enseñanza del inglés en Puerto Rico.

CAPÍTULO 8

La Cultura Puertorriqueña a Través de los Siglos

Las raíces culturales de la nación puertorriqueña

La cultura puertorriqueña es un tejido rico y diverso que ha evolucionado a lo largo de siglos de influencias indígenas, africanas, españolas y de otras culturas del mundo. Este ensayo examinará la historia y el desarrollo de la cultura de Puerto Rico, destacando sus elementos distintivos, su evolución a lo largo del tiempo y su importancia en la identidad de la isla.

La cultura puertorriqueña tiene sus raíces en la población indígena taína que habitaba la isla antes de la llegada de los europeos en 1493. Los taínos influyeron en la gastronomía, el idioma, la medicina herbal, la música y la artesanía de la isla. Sus palabras y nombres de lugares, como Borikén (el nombre taíno para Puerto Rico), siguen presentes en la lengua y la toponimia puertorriqueñas. Palabras y vocablos tainos, además de contribuir palabras a otros idiomas (como huracán, barbacoa y hamaca), también forman gran parte del léxico del dialecto boricua del idioma español.

La llegada de los españoles y la colonización marcaron una transformación cultural significativa en Puerto Rico. La lengua española se convirtió en el idioma predominante y sigue siendo (a pesar de las nefastas políticas de americanización) la lengua oficial del gobierno y el vernáculo de la nación puertorriqueña. Además, la religión católica se arraigó en la vida puertorriqueña, dando lugar a celebraciones religiosas como el Día de los Reyes Magos, las fiestas patronales y la Semana Santa, entre otras.

La arquitectura colonial española, con sus calles adoquinadas y edificios históricos, sigue siendo una característica destacada en ciudades como el Viejo San Juan y los cascos urbanos de la mayoría de los municipios. La música española, como el danzón y el bolero, también influyó mucho en la música puertorriqueña.

La población africana que llegó a Puerto Rico durante la colonia española influyó en gran medida en la cultura, la música, el idioma, la gastronomía y la espiritualidad de la isla. Los ritmos africanos se mezclaron con la música indígena y española para dar lugar a géneros musicales únicos como la bomba y la plena. Estos géneros, que utilizan tambores y danza, son expresiones vivas y bellas de la herencia africana en Puerto Rico.

La espiritualidad africana también dejó su huella en la religión popular de Puerto Rico, como el culto a los santos y las prácticas espirituales sincréticas, como la santería y el espiritismo. Estas tradiciones siguen siendo importantes en la vida cotidiana de muchas comunidades puertorriqueñas. Hoy, existen miles de puertorriqueños de ascendencia africana – *afroborincanos* – que son pilares importantes de la cultura y la nacionalidad puertorriqueña.

Las contribuciones culturales de otros pueblos también han influido grandemente en la cultura e identidad nacional puertorriqueña.

Estas culturas, que llegaron a Puerto Rico vía olas de inmigración desde Europa, el Caribe, Suramérica y Norteamérica durante décadas, particularmente en los 1800s con la Real Cédula de Gracias e inmigrantes que llegaron a Puerto Rico luego de las revoluciones en Latinoamérica.

Para ayudar en la construcción de infraestructura y carreteras insulares, el gobierno colonial español facilitó la entrada de miles de trabajadores chinos, la mayoría desde Cuba. Al terminar los trabajos de construcción, muchos de estos chinos decidieron quedarse y hacer sus vidas en Puerto Rico.

Lo que hoy conocemos como una cultura e identidad puertorriqueña empezó a forjarse en los 1700s y consolidarse en los 1800s. Nadie sabe el momento exacto, pero durante esta época, los nativos insulares y criollos de Puerto Rico empezaron a identificarse menos con España y más con su propio terruño, su país, Puerto Rico. Poco a poco, los criollos, los mestizos, los mulatos y los negros del país, desarrollaron una cultura e identidad propia insular, todavía atada a España, pero diferente a la cultura e identidad española de la península.

En la sociedad insular, había los peninsulares en la cima con el poder político y económico y todos los nacidos en Puerto Rico debajo de ellos. Esta estratificación social ayudó y facilitó la diferenciación entre ser un "español peninsular" y ser un "boricua criollo". Con el tiempo, experiencias históricas e influencias foráneas y revolucionarias a través de contacto con otros pueblos, más boricuas empezaron a considerarse no españoles del Caribe, sino ahora puertorriqueños.

El Grito de Lares de 1868, para muchos patriotas, fue el momento preciso cuando los puertorriqueños, bajo el liderato del Dr.

Ramón E. Betances y los boricuas revolucionarios, dejamos de ser españoles del Caribe y le dijimos al mundo que aquí hay una *nación puertorriqueña* que lucha por su libertad. Con su propia bandera y gobierno provisional de la República, los boricuas le anunciaron a España y al mundo que Puerto Rico también es parte de los pueblos hispanoamericanos que luchan por su libertad e independencia. Luego de la supresión del Grito de Lares, las autoridades coloniales españolas no podían negar que había un fuerte sentimiento y movimiento independentista puertorriqueño.

Desde ese momento en adelante, España trató de aplacar a los boricuas vía reformas (autonomía y la abolición de la esclavitud) o de aterrorizar al pueblo vía políticas autoritarias y torturas para frenar y destruir el movimiento patriótico e independentista en Puerto Rico. Como podrás apreciar, la existencia y el fortalecimiento de la identidad nacional puertorriqueña es la razón de ser y el poder del movimiento independentista, sea bajo España o los Estados Unidos.

La cultura puertorriqueña ante la invasión, la ocupación y el coloniaje estadounidense

Desde la invasión y la ocupación de Puerto Rico por parte de los Estados Unidos en 1898, la cultura puertorriqueña ha experimentado nuevas influencias y tensiones. La relación colonial con Estados Unidos, particularmente la resistencia a la americanización, ha generado tensiones en la identidad y la cultura puertorriqueñas.

La lucha por la libertad e independencia del país ha influido en la percepción de la identidad nacional puertorriqueña y la relación con la cultura y gobierno colonial estadounidense.

La cultura en evolución: identidad y expresión creativa

A pesar de las influencias y tensiones, la cultura puertorriqueña sigue evolucionando y floreciendo. La música sigue siendo un punto central de la cultura, con géneros como la salsa y el reguetón que han ganado fama internacional. Músicos y músicas boricuas como Héctor Lavoe, Yolandita Monge, Residente, Lucecita Benítez, Ricky Martín, Villana Antillana, iLe y Bad Bunny, entre muchos más, han dejado una huella boricua en la música y cultura mundial, particularmente entre la juventud.

He visto a peruanos cantar canciones de Lavoe en la ciudad costera de Callao, estadios enteros cantar "Latinoamérica" de Residente y africanos en Chad y Burkina Faso preguntándome sobre Bad Bunny. La literatura, el cine y el arte puertorriqueños también han ganado reconocimiento global, explorando temas de identidad, historia y política. En cuanto a la cultura y música popular y urbana mundial, Puerto Rico, vía la cultura boricua, es un poder mundial.

Los festivales y celebraciones locales, como la Fiesta de Santiago Apóstol en Loíza, el Festival de la Calle San Sebastián en San Juan y las festividades navideñas, son expresiones vibrantes de la cultura puertorriqueña que atraen a visitantes de todo el mundo. La cultura puertorriqueña es un mosaico complejo y fascinante de influencias indígenas, africanas y españolas. A lo largo de los siglos, ha demostrado una capacidad notable para absorber y transformar estas influencias en una identidad única y rica.

La cultura puertorriqueña es un reflejo de la historia, la diversidad y la resiliencia de la nación, y sigue siendo una parte esencial de la identidad y la vida cotidiana de los boricuas. Con la expansión geográfica, cultural y demográfica puertorriqueña, particularmente por la diáspora boricua en los Estados Unidos, la cultura y la identidad nacional puertorriqueña también se está expandiendo y difundiendo en las Américas y en el mundo.

A medida que Puerto Rico continúa evolucionando en el siglo XXI, su cultura y su identidad seguirán siendo un faro de creatividad, rebeldía y expresión cultural.

CAPÍTULO 9

Reflexiones y Esperanzas para una Nacionalidad Puertorriqueña Única y Fuerte

Puerto Rico, una nación con una rica historia y una cultura diversa, ha mantenido a lo largo de los años una nacionalidad puertorriqueña fuerte y única, a pesar de las políticas coloniales de asimilación de Estados Unidos. En este ensayo, exploraremos la resiliencia, la fuerza y la singularidad de la identidad nacional puertorriqueña, así como las reflexiones y esperanzas para un futuro en el que esta nacionalidad siga siendo un activo valioso para Puerto Rico.

La nacionalidad puertorriqueña: una identidad única y fuerte

La nacionalidad puertorriqueña es un mosaico de influencias culturales y étnicas que se entrelazan para formar una identidad única. Desde los taínos originarios, pasando por los colonizadores y colonos españoles, los africanos y las diversas oleadas de inmigrantes europeos y caribeños, Puerto Rico ha sido moldeado por una diversidad de influencias que han enriquecido su cultura y su identidad nacional, la identidad boricua.

La lengua española y la religión católica se entrelazaron con las tradiciones africanas y taínas para crear un rico mosaico cultural puertorriqueño. Esta identidad única se refleja en la música, la danza, la gastronomía y la religión, que han evolucionado y se han fusionado en formas auténticas como la salsa, la plena y la bomba. La nacionalidad puertorriqueña es una síntesis viva de la historia y la herencia del país.

La resistencia a la asimilación cultural colonial

A pesar de los intentos de asimilación cultural por parte de Estados Unidos, la nacionalidad puertorriqueña ha demostrado una notable valentía y resistencia. Durante el siglo XX, la política colonial estadounidense promovió la adopción del inglés y la cultura estadounidense, especialmente en el ámbito educativo.

Sin embargo, la identidad nacional puertorriqueña resistió estos esfuerzos de asimilación y americanización. La lucha por la preservación de la lengua española y la cultura puertorriqueña se ha mantenido a lo largo de los años. Organizaciones culturales, artistas y activistas patrióticos han desempeñado un papel fundamental en esta resistencia nacional, promoviendo la conciencia cultural y defendiendo la riqueza de la herencia puertorriqueña.

Resistencia a la represión colonial: la larga historia de la persecución a los independentistas en Puerto Rico

Puerto Rico, con sus paisajes exuberantes y su cultura vibrante, tiene una historia tumultuosa marcada por una lucha prolongada por la independencia. Central en este tumulto está la larga y cruel historia de persecución y represión enfrentada por aquellos que abogan por la autodeterminación e independencia puertorriqueña. Este ensayo se sumerge en los anales de esta batalla duradera por la libertad, arrojando luz sobre la resistencia de los defensores de la independencia y la nacionalidad puertorriqueña ante la implacable represión colonial.

Los orígenes de la persecución política en Puerto Rico bajo los Estados Unidos se remontan al principio del siglo XX, cuando periodistas críticos del régimen colonial fueron encarcelados. Activistas independentistas y nuestros símbolos nacionales, como la bandera puertorriqueña, fueron perseguidos y criminalizados por los colonialistas, los anexionistas y los federales.

Tras la imposición de la ciudadanía estadounidense en 1917 y la Ley Jones, que convirtió a los puertorriqueños en sujetos del servicio militar de EE. UU. durante la Primera Guerra Mundial, más de 200 puertorriqueños fueron encarcelados por negarse a servir en las fuerzas armadas estadounidenses. Esto fue un precursor de la lucha por la independencia que estaba por venir.

En la década de 1930, como demostramos en otros capítulos, la lucha por la independencia se entrelazó con los esfuerzos por preservar la cultura e identidad nacional puertorriqueña. La imposición colonial del idioma inglés como principal medio de instrucción en las escuelas encontró una feroz resistencia del pueblo boricua.

Muchos estudiantes de secundaria participaron activamente en estas primeras luchas contra la asimilación lingüística y luego se convirtieron en destacados líderes del Partido Nacionalista y otras organizaciones independentistas durante la década de 1930.

El surgimiento nefasto de las carpetas y la persecución

La era moderna de la persecución política en Puerto Rico se remonta a la tumultuosa década de 1930, cuando los nacionalistas puertorriqueños estaban bajo una intensa vigilancia del régimen colonial y su nefasta Policía Insular, el precursor de la actual Policía de Puerto Rico.

El nombramiento del racista sureño General Blanton Winship como gobernador de 1934 a 1939 marcó un aumento en la represión colonial estatal, especialmente después de la importante huelga general de 1934. Esta huelga forjó una alianza momentánea pero explosiva entre los trabajadores en huelga y el Partido Nacionalista, convirtiéndolo en un objetivo de la represión patrocinada por el régimen colonial de los Estados Unidos en Puerto Rico.

Bajo el gobernador Winship, Puerto Rico sufrió la masacre de Río Piedras de 1935, la masacre de Ponce de 1937 y años de persecución, arrestos y violaciones de derechos civiles y humanos. Luego, bajo la Ley de la Mordaza, el PPD logró aumentar la represión contra el independentismo – represión que facilitó y consolidó el miedo, el terror y la mentalidad colonial en Puerto Rico sobre varias generaciones.

A mediados del siglo XX, la vigilancia política evolucionó hacia operaciones más encubiertas y agresivas por parte del régimen colonial (el ELA) y del gobierno federal, particularmente a través del Negociado Federal de Investigaciones (FBI por sus siglas en inglés). Después de un fallido levantamiento nacionalista (Grito de Jayuya) el 30 de octubre de 1950, se aumentó la represión colonial y se produjeron arrestos masivos de nacionalistas, partidarios de la independencia y toda persona que simpatizaba con la libertad y la soberanía de Puerto Rico.

En 1956, el FBI inició Programa de Contrainteligencia (COINTELPRO) dirigido, en Puerto Rico, a desarticular movimientos pro-independencia. Estas operaciones clandestinas federales, que iban más allá de la vigilancia, dejaron una marca durable en las facciones pro-independencia y soberanistas de Puerto Rico.

La cultura de la vigilancia y el miedo al *carpeteo* impregnó la sociedad puertorriqueña a lo largo del siglo XX. Durante la época del carpeteo, existía una presión social para apoyar a los partidos PPD y PNP y no apoyar las organizaciones independentistas y patriotas ya que era peligroso apoyar tales grupos y movimientos. Para sobrevivir, miles de puertorriqueños apoyaron al PPD y PNP solo para tener un futuro y una carrera y no terminar en un calabozo o fichado como "subversivo político" por la policía. Así se vivía en la democrática "Vitrina del Caribe".

La fuerza policial de Puerto Rico adoptó métodos y estructuras importados directamente de las autoridades federales estadounidenses. Incluso los uniformes policiales y los sistemas de rangos reflejaban los del ejército estadounidense.

En 1987, Puerto Rico fue sacudido por la revelación de que la policía de Puerto Rico y el FBI habían recopilado extensos archivos sobre los llamados "subversivos políticos", lo que llevó al infame "escándalo de las carpetas".

Según Nelson Denis, autor de "*Guerra contra todos los puertorriqueños*", "más de 100,000 puertorriqueños tenían carpetas abiertas. De ellos, unos 74,412 estaban bajo vigilancia policial "política". Se abrieron 60,776 carpetas adicionales en vehículos, barcos y organizaciones. Se abrieron carpetas incluso a áreas geográficas: vecindarios enteros tenían carpetas archivadas por el FBI. Con el tiempo, las carpetas se convirtieron en parte del programa más amplio COINTELPRO desarrollado conjuntamente por el FBI y la CIA, para monitorear y reprimir la disidencia política contra los Estados Unidos."[86]

Esta revelación desencadenó una profunda reevaluación de las libertades civiles y el papel del régimen colonial en Puerto Rico. Denis también afirma que "en 1999 se estableció un fondo gubernamental para ayudar a algunas de las víctimas de las carpetas. Más tarde, en 2000, el director del FBI, Louis J. Freeh, admitió en una audiencia del subcomité de Asignaciones de la Cámara de Representantes que: "El FBI operó un programa que tuvo resultados destructivos tremendos para muchas personas, para el país y ciertamente para el FBI". Freeh luego prometió "reparar algunas de las atroces acciones ilegales, tal vez acciones criminales que ocurrieron en el pasado". Desafortunadamente, en ese momento, el daño ya estaba hecho y el grado de daño causado por estas carpetas se había vuelto incalculable. Este daño se extendió más allá de cualquier individuo o grupo, e incluso más allá de la cuestión de la independencia."[87]

Como podrán apreciar, este daño incalculable, miedo y terror por parte del FBI, la policía colonial y las carpetas ayudó increíblemente al PNP y el PPD ganar elecciones mientras se paran sobre una montaña de cadáveres boricuas. El PNP y el PPD ganan elecciones no porque tienen un plan, sino porque mercadean el miedo y el terror para encubrir sus incompetencias, nepotismos y actos corruptos. Afortunadamente, esto está cambiando en el nuevo despertar borincano del siglo XXI.

El legado de la resistencia

A pesar de décadas de persecución, los defensores de la independencia y la puertorriqueñidad en Puerto Rico han demostrado una notable resistencia y firmeza ante fuerzas poderosas. Su lucha por la autodeterminación, la libertad y la preservación cultural ha perdurado a lo largo de las generaciones. El espíritu perdurable de resistencia está profundamente arraigado en la identidad y nacionalidad puertorriqueña.

La historia de la persecución política en Puerto Rico es un testimonio del compromiso inquebrantable de los defensores de la independencia y los patriotas boricuas a través de las décadas bajo el coloniaje. Desde periodistas críticos del régimen colonial hasta nacionalistas como objetivo de las operaciones COINTELPRO, su determinación de asegurar la autodeterminación puertorriqueña sigue intacta.

El legado duradero de resistencia nacional puertorriqueña sirve como recordatorio de que incluso frente a la adversidad y fuerzas poderosas, la búsqueda de la libertad y la soberanía nacional continúa moldeando la historia de Puerto Rico.

Esperanzas para el futuro de la nacionalidad puertorriqueña

El futuro de la nacionalidad puertorriqueña es un tema de importancia crítica en un mundo globalizado y cambiante. Aquí se presentan algunas reflexiones y esperanzas para una nacionalidad puertorriqueña fuerte en el siglo XXI:

1. **Preservación de la Identidad, la Lengua y la Cultura**: Es esencial continuar promoviendo y preservando la

identidad nacional puertorriqueña, la lengua española y la cultura puertorriqueña. La educación y las iniciativas culturales y patrióticas desempeñarán un papel fundamental en este esfuerzo.

2. **Reconocimiento Internacional**: A pesar de intentos colonialistas y anexionistas de ningunear e invisibilizarnos como país y nación, los boricuas hemos sido constante y firme en el reconocimiento de nuestra identidad nacional como pilar fundamental de la nacionalidad.

La nacionalidad puertorriqueña merece un reconocimiento internacional más amplio y legal. Esto podría facilitarse a través de la participación en organizaciones culturales y políticas internacionales; la promoción de la cultura puertorriqueña en la comunidad global; y el reconocimiento de nuestra nacionalidad y nación por parte de países y organizaciones internacionales.

3. **Participación Política y Autodeterminación**: La participación política activa y la búsqueda de la autodeterminación y soberanía nacional son fundamentales para el fortalecimiento de la nacionalidad puertorriqueña. Los debates sobre el estatus político de la isla deben continuar y permitir que los puertorriqueños tomen decisiones informadas sobre su futuro político.

A pesar de los plebiscitos fallidos e ignorados por el propio gobierno federal, existía en Puerto Rico mucho apoyo para el establecimiento de una Asamblea de Estatus donde representantes de todas las opciones descolonizadoras no-coloniales y territoriales podrán defender sus intereses y presentarle un plan al Congreso federal.

4. **Fomento del Talento Boricua**: La promoción del talento boricua (en Puerto Rico y en la diáspora) en las artes, la música, la literatura y otras áreas culturales es esencial. Esto no solo enriquece la cultura puertorriqueña, sino que también contribuye a la economía y la proyección internacional.

5. **Concientización y Educación**: La concientización sobre la identidad nacional puertorriqueña y su historia debe ser una parte integral de la educación del país. Los puertorriqueños deben saber y entender su historia nacional y también comprender y apreciar su herencia cultural y su lugar en el mundo.

La nacionalidad puertorriqueña es un tesoro cultural y una identidad nacional única que ha resistido los intentos coloniales, políticos y violentos de asimilación cultural del supuesto país más poderoso del mundo.

Es decir, los americanos trataron, pero no pudieron destruirnos ni borrarnos – no pudieron con los boricuas. La rica herencia cultural e histórica de nuestra nación puertorriqueña, forjada a lo largo de siglos de influencias culturales y étnicas, sigue siendo una fuente de orgullo, fuerza, resistencia, amor y resiliencia nacional.

La identidad puertorriqueña no es estática, es decir, sigue creciendo y adoptándose a la historia e influencias culturales del momento. Sin embargo, lo esencial es, aun con los cambios culturales del futuro, la identidad nacional puertorriqueña tiene que seguir siendo nacional, o sea, la identidad de un país y una nación distinta – nuestra bella nación boricua.

Adoptamos influencias y pensamientos culturales de otros países, pero no podemos dejarnos caer ante la cultura de otro país en

Puerto Rico. Adoptamos, pero no doblegamos. Tenemos que asegurarnos, vía la soberanía, que la identidad y la nacionalidad puertorriqueña siempre reinará primera en Puerto Rico, nuestra nación.

El futuro de la nacionalidad puertorriqueña depende de la capacidad, voluntad y fuerza de Puerto Rico y todos los boricuas del mundo para preservar, defender, enaltecer y promover nuestra identidad nacional y cultural boricua en un mundo cada vez más globalizado.

La educación, la participación política y el fomento del talento boricua son vías clave para fortalecer y consolidar esta bella y gran identidad y asegurar que siga siendo un activo valioso para Puerto Rico y todos los boricuas en el siglo XXI y más allá.

Artículos Escogidos

A continuación, les presento tres artículos escritos por mí y publicados en medios de Puerto Rico y los Estados Unidos sobre la situación colonial y la lucha por la independencia de Puerto Rico.

Para acceso a mis otros artículos, libros y proyectos, utilice este enlace:

https://linktr.ee/javierahernandez

La soberanía de Puerto Rico: un camino hacia la prosperidad y la seguridad

Por. Javier A. Hernández

(El artículo fue publicado por primera vez en inglés en Mano Magazine el 30 de octubre de 2023 y luego en español en la revista PRTQ)

Desde la invasión estadounidense de Puerto Rico el 25 de julio de 1898, los políticos y funcionarios estadounidenses se han visto envueltos en un polémico debate de 125 años sobre el estatus final de la nación puertorriqueña. El intento más reciente de resolver este problema, la Ley del Estatus de Puerto Rico de 2022

(H.R. 8393), se ha estancado en el Congreso, dejando una vez más sin respuesta la cuestión del futuro de Puerto Rico.

Es imperativo que ambos pueblos, estadounidenses y puertorriqueños, consideren las ramificaciones de las opciones que tienen ante sí y se den cuenta de que la soberanía y la independencia de Puerto Rico no sólo son beneficiosas sino también imperativas para los objetivos de seguridad nacional, economía y política exterior de Estados Unidos.

Estadidad: un camino problemático

La búsqueda de la estadidad de Puerto Rico (anexión como estado estadounidense) ha sido un tema recurrente en el panorama político del país, promovido por algunos como el remedio para sus problemas económicos o para servir a los intereses partidistas de los demócratas en los Estados Unidos. Sin embargo, el movimiento anexionista no está exento de problemas. Escándalos de corrupción, arrestos federales, acusaciones de fraude electoral, redes de dinero oscuro y actividades criminales han empañado el movimiento anexionista, erosionando su atractivo para muchos puertorriqueños.

Las recientes elecciones y plebiscitos han demostrado que la tendencia se está volviendo contra la anexión. Por ejemplo, en el reciente plebiscito de 2020, solo el 27 por ciento de todos los votantes registrados realmente apoyaron la "estadidad" y el actual gobernador anexionista solo fue elegido por el 33 por ciento de los votantes.

En una encuesta de Data for Progress de 2021, más de uno de cada cinco residentes de Puerto Rico eligió la independencia o la soberanía con un pacto de libre asociación, y en un escenario de votación por orden de preferencia, el apoyo a la libre asociación aumentó al 33 por ciento. En una encuesta de 2020 entre puertorriqueños en Estados Unidos realizada por el Center for American Progress, el 28 por ciento eligió la independencia o la libre asociación, en comparación con el 30 por ciento que eligió la estadidad.

Esta base de apoyo a la soberanía nacional sólo se ampliará más si los Estados Unidos toma la iniciativa de presentar a Puerto Rico un plan de transición económica viable hacia la independencia o la libre asociación, algo que hasta ahora se ha negado a lograr durante sus 125 años de coloniaje.

Los puertorriqueños, particularmente después de vivir la respuesta federal inepta a los huracanes de 2017, sufrir la corrupción sistemática de FEMA, observar la extrema pobreza de los nativos americanos y ser testigos de las injusticias cometidas contra los nativos hawaianos en los recientes incendios en Lahaina (Hawai'i), están comenzando a darse cuenta de que la anexión no ofrece ninguna solución a sus problemas económicos y políticos, sino que más bien perpetúa su condición de minoría cultural marginada y su dependencia colonial a los fondos federales de los contribuyentes estadounidenses, lo que exacerba la pobreza y erosiona su autonomía política y económica.

De hecho, estos incendios, la inepta respuesta federal y las injusticias hacia los nativos hawaianos por parte de los capitalistas estadounidenses están ayudando a dinamizar el movimiento soberanista hawaiano. Boricuas, no estamos solos. Cada vez más puertorriqueños se están dando cuenta de que anexar su país a los Estados Unidos, que actualmente atraviesa graves crisis y conflictos políticos, económicos, de deuda, sociales, raciales, de drogas, pobreza, falta de vivienda y conflictos culturales, no es una opción viable ni beneficiosa para Puerto Rico.

Un movimiento en auge por la soberanía nacional

En contraste con el apoyo cada vez menor a la estadidad, los sentimientos a favor de la soberanía y la independencia están aumentando en Puerto Rico, particularmente entre las generaciones más jóvenes, la clase media y los profesionales. Incluso, para muchos puertorriqueños en los Estados Unidos (la diáspora), la soberanía nacional, la libertad y la verdadera democracia son muy atractivas y están ganando su apoyo.

Estos sentimientos han evolucionado hasta convertirse en posiciones predominantes en el Puerto Rico moderno, con líderes y defensores de la soberanía nacional surgiendo en cuatro de los cinco principales partidos políticos del país. El creciente apoyo al Partido Independentista Puertorriqueño (PIP) y otros líderes soberanistas y patrióticos en otros partidos es cada vez más evidente.

De cara a las próximas elecciones de 2024, se organiza una alianza electoral entre el Partido Independentista Puertorriqueño (PIP), el Movimiento Victoria Ciudadana (MVC), independientes, sindicatos y diversas organizaciones de la sociedad civil, denominada "Alianza País" que buscar derrotar al corrupto y colonialista sistema bipartidista de Puerto Rico.

A pesar de algunos intentos desesperados y vergonzosos a favor de la estadidad, mediante el cuco y el alarmismo de la época de la Guerra Fría, las payasadas políticas y el comportamiento poco diplomático en las recientes audiencias del Comité de Descolonización de las Naciones Unidas (UNDC) el 18 de junio de 2023 (particularmente por parte de José "Quiquito" Meléndez cuando su micrófono fue apagado por personal de la ONU), la mayoría de los representantes y oradores puertorriqueños en la UNDC apoyaron la soberanía y la independencia.

La comunidad internacional, particularmente países integrantes de la UNDC, la Comunidad de Estados Latinoamericanos y Caribeños (CELAC) y el Movimiento de Países No Alineados (un foro de 120 países), apoya el derecho de Puerto Rico a la independencia y la autodeterminación, haciéndose eco del sentimiento de que la anexión es una reliquia del colonialismo. Las organizaciones puertorriqueñas en los Estados Unidos, particularmente *Boricuas Unidos en la Diáspora (BUDPR)*, la *Puerto Rican Alliance* (PRA), el *Frente Independentista Boricua* y la *Diáspora PIP*, entre otras, también apoyan y promueven la independencia de Puerto Rico y ayudan a educar a los estadounidenses y puertorriqueños en Estados Unidos sobre el tema.

Perspectiva histórica: colonialismo, miedo y represión

El contexto histórico es vital para comprender el papel de Estados Unidos en el estatus colonial de Puerto Rico. Décadas de miedo, persecución, criminalización y terror desde 1898 se emplearon contra los movimientos soberanistas e independentistas en Puerto Rico. El adoctrinamiento colonial, a través de la educación y las políticas asimilistas de Estados Unidos y del Estado Libre Asociado (ELA) o *Commonwealth* como se conoce en inglés, ayudó a cimentar la mentalidad colonial, el miedo y la impotencia política entre el pueblo puertorriqueño.

Estas políticas nefastas, que la mayoría de los estadounidenses desconocen, inevitablemente ayudaron al crecimiento del PPD colonialista y del PNP anexionista, pero los defensores y organizaciones independentistas continuaron resistiendo, sobreviviendo y creciendo.

Hoy en día, tanto para el PPD como para el PNP, es fácil hablar de "democracia" y "la voluntad del pueblo" cuando han pasado décadas violando ilegalmente los derechos civiles, persiguiendo, arrestando y criminalizando a sus opositores: aquellos puertorriqueños que apoyan la independencia. El gobierno colonial puede torturar y asesinar a los independentistas (y lo ha hecho), pero la idea de libertad es a prueba de balas.

Afortunadamente, las tácticas coloniales de persecución e intimidación del PPD/PNP no fueron suficientes para sofocar la creciente marea y la fuerza del patriotismo, el orgullo nacional y el apoyo a la independencia puertorriqueña. La administración Carter inició un proceso a fines de la década de 1970 para explorar opciones de descolonización para Puerto Rico, en respuesta a numerosas resoluciones de las Naciones Unidas que pedían la autodeterminación y la independencia de Puerto Rico. Esto marcó un punto de inflexión en la política estadounidense hacia la nación insular.

El estudio del Consejo de Seguridad Nacional (NSC por sus siglas en inglés) reconoció que la *independencia* era la mejor opción de estatus político para Puerto Rico, alineándose con los intereses de Estados Unidos. Sin embargo, la administración entrante de Reagan archivó estas recomendaciones, influenciada por el apoyo financiero de los anexionistas puertorriqueños y las preocupaciones sobre la óptica política. Los intereses financieros y las maniobras políticas a menudo han socavado la búsqueda de la soberanía de Puerto Rico. El apoyo financiero de los anexionistas, particularmente dentro de la administración Reagan, llevó a que se archivara el estudio del NSC que apoyaba la independencia.

Estas maniobras secretas le negaron a Puerto Rico una oportunidad de libertad en la década de los ochenta, y desde entonces los puertorriqueños han tenido que soportar más décadas de gobierno colonial estadounidense corrupto, inepto, humillante y antidemocrático.

Hoy, bajo las barras y las estrellas de la bandera pecosa y el indiferente dominio colonial estadounidense, Puerto Rico está agobiado por miles de millones de dólares en una deuda odiosa colonial no auditada y está gobernado, gracias al ex presidente Obama, por una junta de estadounidenses no electos, despreciados y designados al dedillo que impone medidas de austeridad severas y draconianas y la privatización de recursos y entidades públicas por encima de la voluntad del pueblo puertorriqueño y de la legislatura colonial.

¿Podría imaginarse a un gobierno extranjero imponiendo una junta de control fiscal a los Estados Unidos porque los "estadounidenses fiscalmente irresponsables" ahora no pueden pagar su deuda pública nacional de $31.4 billones (trillions en inglés) de dólares? Si bien los estadounidenses nunca tolerarían una entidad extranjera como esa, se espera que los puertorriqueños (como súbditos coloniales) la acepten, paguen sus exorbitantes salarios, no se quejen y toleren tales abusos.

Los puertorriqueños también sufren a causa de una economía colonial estancada; la despreciada Ley Jones de 1920 que impone un impuesto marítimo colonial y aumenta el costo de vida; constantes crisis energéticas y aumentos de tarifas; apagones eléctricos diarios; gentrificación de los colonos estadounidenses; y donde el

41.7 por ciento vive en pobreza extrema (57.6 por ciento de los niños), todo bajo la bandera del colonialismo estadounidense.

Si este desastre total es lo mejor que podemos esperar de los Estados Unidos, entonces nosotros, como puertorriqueños, debemos mirar hacia otra parte: debemos mirar hacia nosotros mismos. Cuando ellos se vuelven coloniales, nosotros nos convertimos en libertad. Necesitamos dejar atrás y superar el gobierno colonial inepto y corrupto que nos ha humillado durante más de un siglo, abrazar nuestra libertad y soberanía nacional y convertirnos en parte de la comunidad internacional.

Hoy, bajo el colonialismo estadounidense y mientras los anexionistas intentan tristemente encontrar alguna razón tonta para que Puerto Rico sea importante para los Estados Unidos, Puerto Rico es hoy un estado colonial fallido que le impone una carga financiera significativa a todos los contribuyentes estadounidenses, liberales y conservadores. Sí, las colonias son caras y los contribuyentes estadounidenses están pagando miles de millones de dólares cada año para mantener a Puerto Rico en una dependencia colonial, corrupta y una pobreza abyecta para beneficio financiero de unas pocas empresas estadounidenses y del cártel naviero estadounidense con sede en Jacksonville que se beneficia estrangulando a la cautiva economía colonial puertorriqueña.

Incluso la propia Oficina de Contabilidad Gubernamental (GAO, por sus siglas en inglés) del Congreso estuvo de acuerdo cuando publicó un informe en 2014 que literalmente detallaba cómo la estadidad sería desastrosa para la economía de Puerto Rico, aumentaría la dependencia del subsidio federal, impondría una carga impositiva federal insoportable de $5.7 mil millones a los puertorriqueños, aumentaría desempleo y empujaría a más puertorriqueños hacia los Estados Unidos.

La actual dependencia crónica de Puerto Rico a fondos federales, apoyados por los anexionistas, perpetúa la pobreza, desalienta el crecimiento económico y, en última instancia, socava el prestigio estadounidense en el escenario mundial. La quiebra y las limitaciones económicas del Estado Libre Asociado colonial son indicadores evidentes, no sólo del fracaso estadounidense en Puerto Rico, sino de las deficiencias del dominio colonial en el siglo XXI.

¿Cuáles son los beneficios de la soberanía nacional?

La soberanía, ya sea a través de la independencia o de un pacto de libre asociación, presenta un camino a seguir para Puerto Rico que beneficia tanto a la nación puertorriqueña como a los Estados Unidos. Las ventajas de la soberanía puertorriqueña son multifacéticas y pueden clasificarse en tres dimensiones principales: beneficios políticos, económicos y aquellos relacionados con la seguridad.

Beneficios políticos:

Libertad y Autodeterminación: La soberanía nacional le ofrece a Puerto Rico la autonomía política, económica, diplomática y cultural y la libertad para tomar sus propias decisiones, libre de influencias externas o dominios coloniales, como es el caso hoy. Permite a la nación puertorriqueña dar forma y forjar su propio destino político; proteger y promover su cultura e identidad nacional; e instituir políticas nacionales alineadas con las aspiraciones de su pueblo.

Un Puerto Rico soberano defendería y garantizaría su derecho a existir como nación. Al igual que los patriotas estadounidenses del 1776, los puertorriqueños también tienen derecho a resistir el colonialismo y asegurar su libertad del dominio extranjero.

Reconocimiento internacional: Como nación soberana, Puerto Rico obtendría reconocimiento internacional, se uniría a las Naciones Unidas y aseguraría un asiento en la mesa global de países libres. Es mejor un asiento en la mesa global como un igual entre naciones que un asiento en la mesa de los niños de cincuenta estados dentro de los Estados Unidos y su sistema político disfuncional y polarizado, donde cada estado lucha por su tajada del inflado presupuesto federal.

El estatus de soberanía permitiría a la nación puertorriqueña establecer su propio gobierno nacional, Ministerio de Relaciones Exteriores y cuerpo diplomático, interactuando así con la comunidad internacional en igualdad de condiciones y mejorando su posición diplomática, particularmente en el Caribe y América Latina. Un Puerto Rico soberano apoyaría un Tratado de Amistad y Cooperación con los Estados Unidos.

Democracia: La soberanía garantiza que los puertorriqueños, y sólo los puertorriqueños, puedan ejercer plenamente sus derechos democráticos, eligiendo líderes y dando forma a políticas que satisfagan sus necesidades e inquietudes únicas dentro de su propio estado-nación, su propia República soberana y democrática de Puerto Rico.

Con soberanía, Puerto Rico puede realmente redactar, ratificar e implementar una constitución nacional y democrática real, no mantener la actual constitución colonial que el Congreso de Estados Unidos editó y aprobó en 1952.

Beneficios económicos:

Desarrollo y fomento económico: La independencia o la libre asociación permitiría a Puerto Rico desarrollar su economía libre de las restricciones, grilletes y limitaciones del dominio colonial. La nación puertorriqueña podría diversificar industrias, atraer inversión extranjera, ampliar sus proyectos económicos marítimos y diseñar políticas reales y viables que fomenten el crecimiento, el espíritu empresarial, la autosuficiencia y el desarrollo.

Con soberanía, Puerto Rico (siguiendo el modelo de capitalismo estatal de Singapur y Corea del Sur), tiene el potencial de establecer un sector económico próspero, atraer inversión extranjera, hacer crecer las industrias nacionales y generar miles de millones en recaudos e ingresos nacionales para impulsar y mantener sus políticas y metas de desarrollo económico.

Por ejemplo, un Puerto Rico soberano, con sus propias políticas integradas de aduanas, aranceles e inmigración en todos sus puertos de entrada (marítimos y aéreos), podría generar aproximadamente $12.5 mil millones al año - una cifra excelente si se considera que el presupuesto operativo del gobierno colonial del Estado Libre Asociado es de aproximadamente $9 mil millones.

Grupos independentistas y soberanistas puertorriqueños ya tienen listos estos planes económicos; sólo necesitamos el poder político y la libertad que nos otorgaría la soberanía para implementarlas. Sin soberanía, no puede haber desarrollo económico para Puerto Rico.

Autonomía fiscal: Como entidad política y nacional soberana, Puerto Rico podría implementar políticas tributarias adaptadas a sus necesidades y circunstancias económicas. Ya no estaría sujeto a la supervisión fiscal federal (que facilitó y aprobó la deuda colonial actual y alienta a los evasores de impuestos estadounidenses a mudarse a Puerto Rico), lo que permitiría una mayor justicia económica, flexibilidad, oportunidades y autosuficiencia.

Oportunidades comerciales: La soberanía nacional abre un mundo de comercio y oportunidades comerciales para que Puerto Rico establezca sus propios acuerdos comerciales, se una a acuerdos comerciales existentes y plataformas económicas regionales, expanda y acceda a mercados globales y fomente asociaciones económicas beneficiosas tanto para Puerto Rico como para los Estados Unidos.

Hoy, como colonia estadounidense, a Puerto Rico no se le permite establecer y mantener sus propias relaciones exteriores ni instituir tratados beneficiosos por su propia voluntad.

Beneficios relacionados con la seguridad:

Cooperación de seguridad mejorada: Un Puerto Rico soberano, con sus propias agencias y activos de seguridad y defensa nacional, podría convertirse en un socio de seguridad más sólido para los Estados Unidos en la región del Caribe, no sólo en una pérdida de dinero para los contribuyentes estadounidenses y una puerta abierta a las drogas y los narcotraficantes entrar a los Estados Unidos.

La proximidad de Puerto Rico a intereses regionales críticos en el Caribe y el norte de América del Sur la convertiría en un aliado estratégico natural para abordar los desafíos de seguridad regional.

Gobernanza estable: La estabilidad política y la soberanía están estrechamente entrelazadas. Un Puerto Rico soberano y democrático estaría mejor posicionado para garantizar una gobernanza estable y la seguridad dentro de sus fronteras, reduciendo el potencial de conflicto y sirviendo como ejemplo de gobernanza democrática. Hoy, como colonia estadounidense, Puerto Rico es un ejemplo flagrante del fracaso colonial estadounidense. Eso lo podemos cambiar.

Alianzas regionales fortalecidas: La soberanía permitiría a Puerto Rico desempeñar un papel más activo en organizaciones y alianzas regionales como CARICOM y la Asociación de Estados del Caribe (AEC), alineándose aún más con los objetivos de la política exterior estadounidense de paz, prosperidad económica, estado de derecho, y gobernanza democrática.

Avanzando al futuro

La soberanía y la independencia de Puerto Rico no sólo benefician a los puertorriqueños sino también a los intereses nacionales, geopolíticos, económicos y diplomáticos de los Estados Unidos. A medida que más estadounidenses se dan cuenta de que la soberanía es el único camino viable para Puerto Rico, deben exigir que sus representantes en el Congreso también apoyen la soberanía. Mientras los líderes anexionistas sólo ofrecen más desesperación, dependencia, pobreza y promesas vacías de más fondos federales y cupones, los líderes independentistas y soberanistas ofrecen libertad, democracia y un plan viable para un desarrollo económico del país.

A medida que el impulso por la soberanía continúa creciendo en Puerto Rico y dentro de la comunidad puertorriqueña en los Estados Unidos, es crucial que los estadounidenses, particularmente aquellos en el Congreso y la comunidad de seguridad nacional, presten su apoyo a la descolonización, la democracia y la soberanía de Puerto Rico.

Puerto Rico, como aliado estratégico y socio económico en el Caribe, es mucho mejor para los Estados Unidos que el continuo pozo de dinero y la vergüenza que es el fallido "Commonwealth" colonial y la amenaza financiera, política y cultural de la anexión de Puerto Rico a la Unión Americana.

Para decirlo claramente, Estados Unidos puede anexar a Puerto Rico, pero no sobreviviría por mucho tiempo al revés de anexar una nación latinoamericana de habla hispana desafiante, orgullosa y anticolonial que ha luchado y resistido 125 años de dominio colonial estadounidense y políticas de asimilación fallidas.

En 1950, los puertorriqueños se rebelaron contra el dominio colonial estadounidense en Puerto Rico (una revuelta en toda la isla que fue aplastada por tropas militares estadounidenses y bombardeos aéreos), y en 1954, un comando nacionalista puertorriqueño (que protestaba contra el dominio colonial y el recién inaugurada ELA) atacó y disparó contra el Congreso de Estados Unidos, entre otras acciones.

En 2003, después de 60 años de prácticas de entrenamiento militar estadounidense, bombardeos, destrucción ambiental, municiones sin detonar y violaciones de los derechos civiles y humanos, los puertorriqueños finalmente expulsaron a la Marina estadounidense de Vieques y otras instalaciones militares debido a décadas de determinación, resistencia activa, desobediencia civil y una larga y desafiante lucha anticolonial. Lo hemos hecho antes; lo podemos hacer de nuevo.

¿Qué cree que pasará si Estados Unidos anexa unilateralmente a Puerto Rico? En pocas palabras, anexar a Puerto Rico sería como si los Estados Unidos se tragara un cartucho de dinamita política que haría estallar la noción de *E Pluribus Unum* y obligaría a Estados Unidos a seguir el camino del multinacionalismo, el desafío anticolonial, los conflictos étnicos, las diferencias culturales, conflictos lingüísticos, batallas legales y constitucionales, aumento de la desunión y guerras culturales que ni siquiera puedes imaginar.

Recuerde, los puertorriqueños son una nación y, si se anexan, comenzaremos a afirmar y exigir nuestra identidad nacional distintiva, nuestros derechos culturales, lingüísticos y de autodeterminación por encima de cualquier noción de "ser americano", tal como lo hacen los quebequenses dentro del Canadá. No creo que los estadounidenses, liberales y conservadores, quisieran anexar un "Quebec caribeño" a los Estados Unidos si realmente conocieran y consideraran estas repercusiones políticas, económicas, culturales, lingüísticas y sociales.

Anexar por la fuerza a Puerto Rico, una nación diferente y desafiante que históricamente ha resistido y despreciado la asimilación a Estados Unidos, no es "celebrar la diversidad" como piensan algunos estadounidenses ingenuos; es un polvorín político y cultural de multinacionalismo y conflicto étnico que no les fue muy bien a Austria-Hungría, Yugoslavia, la Unión Soviética y otros estados multiétnicos que ya no existen. Éstas son las nefastas consecuencias y ramificaciones de la estadidad que los anexionistas, por supuesto, aunque ondean banderas estadounidenses, no revelan a los estadounidenses.

En 2022, el congresista Tom McClintock (R-CA) dijo públicamente lo que muchos estadounidenses dicen en privado: "Puerto Rico es una nación orgullosa y distinta que habla un idioma diferente, tiene su propia identidad nacional y no debe ser anexada a los Estados Unidos."

Respecto a Puerto Rico, la escritura está en la pared y dice: *Soberanía Nacional.* Es la salida más viable política y económicamente para ambas naciones de este atolladero colonial de 125 años. Si la libertad y la soberanía son suficientemente buenas para Ucrania, también lo son para Puerto Rico.

Es hora de decirle no a las narrativas estadistas y colonialistas a favor de la pobreza, el cuco, el alarmismo y la dependencia y decirle sí a la libertad, la democracia y el desarrollo económico de Puerto Rico. Defender la libertad, la democracia y el desarrollo económico los colocará en última instancia en el lado correcto de la historia, fomentando una relación mutuamente beneficiosa que fortalezca a ambas naciones.

La soberanía nacional es el camino hacia un futuro mejor para Puerto Rico y los Estados Unidos, marcado por el respeto, la autonomía política, la democracia, el crecimiento económico y una mayor cooperación en materia de seguridad. Juntos podemos hacer esto posible.

El potencial económico de un Puerto Rico soberano

Por Javier A. Hernandez

*(Publicado en la revista PRTQ el 27 de dic. de 2021. La versión
original de este artículo fue publicada en Mano Magazine
el 28 de noviembre de 2021)*

Después de 123 años de dominio colonial de Estados Unidos en Puerto Rico, hoy vemos a una nación caribeña en bancarrota tratando de levantarse económicamente, mientras enfrenta el hecho omnipresente de que las colonias no están destinadas a desarrollarse, sino que su riqueza es extraída por el poder colonial.

Siempre que alguien plantea la posibilidad de la soberanía de Puerto Rico, ya sea a través de la independencia o la libre asociación, los detractores promueven la percepción de que un Puerto Rico libre y soberano, que ya no está bajo el dominio colonial de Estados Unidos, no tendría la riqueza, la capacidad o los recursos para sostenerse y desarrollarse.

Esta percepción, arraigada en la mentalidad colonial, emana de la creencia racista de que los puertorriqueños son un pueblo inferior que nunca podrá gobernarse a sí mismo y debería estar agradecido por el dominio, la ocupación, la ciudadanía y la tutela extranjera estadounidense. Todas las potencias coloniales y sus colaboradores coloniales locales, promueven esta percepción en las colonias porque, en última instancia, consolida su dominio colonial, ya que es más fácil controlar a un pueblo cuando han aprendido, después de 123 años de educación colonial, despreciarse a sí mismo.

Tales mitos y percepciones sobre la ineptitud de Puerto Rico para sobresalir y triunfar política y económicamente se han promovido durante más de un siglo. Damas y caballeros, como verán, estas percepciones son pura mentira y demagogia de aquellos que viven del "Puerto Rico no puede".

Mis libros, *"Desarrollo y Prosperidad: el éxito económico en un Puerto Rico soberano"* y *"Puerto Rico: Hacia una economía nacional soberana"*, buscan destruir esta percepción y explican en detalle cómo Puerto Rico puede transformarse de una economía colonial dependiente y en bancarrota a una economía nacional próspera, estable, internacional e impulsada por las exportaciones, a través de los poderes y herramientas de la soberanía, ya sea como nación independiente o como nación soberana en una relación de libre asociación con los Estados Unidos.

Los libros tienen como objetivo educar a la nación puertorriqueña y a los estadounidenses sobre los beneficios, las oportunidades y el gran potencial económico que tiene la soberanía de Puerto Rico. Los libros explican, con datos actuales y proyecciones económicas, cómo Puerto Rico podrá generar miles de millones en ingresos adicionales para operar su gobierno nacional y también financiar proyectos y oportunidades de desarrollo socioeconómico que convertirían a Puerto Rico en una potencia económica regional en el Caribe y América Latina. Esencialmente, este libro finalmente contesta la pregunta: ¿De dónde obtendrá Puerto Rico los fondos para triunfar como nación soberana?

Los libros detallan cómo un Puerto Rico soberano, con sus propias políticas y sistemas económicos integrados de aduanas, tarifas estratégicas e inmigración en todos sus puertos de entrada, podría generar aproximadamente $12.5 mil millones al año — excelente si uno considera que el presupuesto operativo del gobierno colonial del Estado Libre Asociado es aproximadamente $9 mil millones (97.6 por ciento de estos fondos provienen de impuestos a las ventas, ingresos e impuestos corporativos en Puerto Rico, no fondos federales). Además de estas recaudaciones proyectadas desde las aduanas y los puertos del país ($12.5 mil millones), otras fuentes nacionales, entre varias, (detalladas en los libros) serian:

Cobros por aterrizaje y uso de facilidades por las aerolíneas	**$24,307,250**
Cobros de sobrevuelo de aeronaves sobre el espacio aéreo puertorriqueño	**$124,804,750**
Impuesto de 15% al Capital Expatriado	**$5.1 mil millones**

Además, los libros establecen cómo los Estados Unidos envía $4.6 mil millones al año a Puerto Rico como "ayuda federal" mientras extrae aproximadamente $59.3 mil millones al año a través de las importaciones estadounidenses impulsadas por el mercado cautivo; la fuga de capital libre de impuestos; y los onerosos costos de la Ley Jones (la ley de cabotaje) que obliga a los puertorriqueños a subsidiar el costoso cartel de transporte marítimo de la Marina Mercante de los EEUU.

Estos datos les muestran a los puertorriqueños y al mundo cuán eficientemente el régimen colonial de EEUU extrae riqueza y a la vez crea pobreza y subdesarrollo en Puerto Rico. Irónicamente, esta es la misma pobreza que los detractores de la soberanía dicen que es la razón por la que Puerto Rico no puede obtener su soberanía.

El régimen colonial de los Estados Unidos crea la pobreza y luego dice que Puerto Rico es demasiado pobre para ser libre. Es como un esclavo al que no se le permite crear su propia riqueza y se le niega su libertad con la excusa de que es demasiado pobre para ser libre.

Puerto Rico tiene el potencial de ser una nación rica y económicamente poderosa, si no estuviera bajo la autoridad fallida, corrupta y antidemocrática del dominio colonial estadounidense y la ocupación extranjera, como lo ejemplifica la Junta de Control Fiscal impuesta en nuestro país y que literalmente controla las finanzas y la economía de Puerto Rico.

Si bien algunos puertorriqueños están a favor de la estadidad y la dependencia prefieren la "igualdad en los fondos federales" (cupones de alimentos, etc.) que ofrecería la estadidad a cambio de su libertad, la mayoría de los puertorriqueños valoran su cultura y su identidad nacional, prefiriendo en cambio la "igualdad entre naciones" que la soberanía les otorgaría a todos los puertorriqueños.

Los libros también presentan un plan integral de desarrollo fiscal y económico nacional que permitiría a un Puerto Rico soberano generar hasta $63.4 mil millones al año, ingresos que convertirían a Puerto Rico en uno de los países más prósperos del Caribe y América Latina. Con un Puerto Rico soberano, los días de pobreza colonial, subdesarrollo y estar mendigando fondos federales del Congreso terminarían.

Sí, Puerto Rico actualmente es pobre y carece de un desarrollo económico adecuado, pero ¿quién controla actualmente la economía y los puertos de entrada de Puerto Rico? No Puerto Rico, sino los Estados Unidos y sus agencias federales. Las Trece Colonias también eran pobres bajo el dominio colonial británico y sólo como nación independiente, el incipiente "Estados Unidos" pudo sentar las bases de una nueva economía poderosa.

Por lo tanto, la falta de desarrollo económico de Puerto Rico está íntimamente ligada al estado colonial de Puerto Rico y las leyes federales que extraen miles de millones de Puerto Rico y nuestra economía. Estas leyes federales y políticas coloniales, como la Ley Jones, la Cláusula de Comercio Interestatal de la Constitución de los Estados Unidos y otras políticas federales nefastas, también obstaculizan el desarrollo económico de Puerto Rico y lo aíslan aún más de la economía internacional.

Tanto el "estado libre asociado" colonial como la estadidad (anexión) solo fortalecerían y consolidarían estas políticas federales y limitaciones económicas en Puerto Rico, garantizando que Puerto Rico no podría desarrollarse económicamente y se volvería dependiente de fondos federales, pagados por los contribuyentes estadounidenses.

Dudo que los contribuyentes estadounidenses quieran gastar miles de millones de dólares para pagar y subsidiar la dependencia colonial en Puerto Rico, apoyar a su liderazgo colonial corrupto y pro-dependencia, y también tener que lidiar con una nación puertorriqueña desafiante que se niega a asimilarse e integrarse en la sociedad estadounidense. En esencia, para los puertorriqueños y los estadounidenses, la soberanía puertorriqueña y la emancipación nacional hacen sentido político y económico.

Si alguna vez se impusiera la estadidad en Puerto Rico, nuestra nación borincana se convertiría literalmente en "El Estado de la Pobreza" a medida que la economía de la isla se contraería, afianzando la pobreza para las futuras generaciones, y seriamos totalmente dependiente del Congreso de los Estados Unidos para mendigar más fondos federales año tras año.

Lamentablemente, los gobernantes y los políticos colonialistas en Puerto Rico promueven tales políticas pro-coloniales y pro-pobreza para así mantener las estructuras coloniales que les dan poder y riqueza local a través de la corrupción y el bipartidismo colonial.

Hay un camino diferente, el camino de la soberanía y el desarrollo económico. Para llevar a Puerto Rico por el camino del crecimiento y el desarrollo económico, los puertorriqueños en Puerto Rico y en la diáspora deben aprovechar las oportunidades y la dignidad de la soberanía y dejar atrás la época del colonialismo y la corrupción colonial.

Afortunadamente, más puertorriqueños (como lo indican las tendencias de creciente apoyo electoral) se están dando cuenta de que la soberanía es el camino a seguir y a aspirar, no solo para defender el futuro de la nación puertorriqueña y establecer una república libre y democrática, sino también para crear la economía nacional exitosa que nos merecemos.

Además de educar a los puertorriqueños y a otros sobre la viabilidad económica de la soberanía, los libros muestran cómo otros países pequeños están aprovechando sus ventajas geográficas, políticas, económicas y de capital humano para ser países influyentes en la economía internacional, particularmente en esta nueva época de la globalización.

Con soberanía, Puerto Rico finalmente tendrá acceso a los mercados globales y podrá forjar y establecer una verdadera economía nacional basada en la producción y las exportaciones, no en las dádivas coloniales y la dependencia, para así por fin sacar al país de la pobreza colonial e insertarse plenamente en la economía internacional para el beneficio de toda la nación puertorriqueña. Estos libros muestran el camino hacia la libertad que Puerto Rico debe tomar para asegurar su futuro como nación y su éxito económico en el mundo.

* Javier Hernández es un escritor puertorriqueño, activista pro-soberanía nacional y autor de varios libros: *"Desarrollo y Prosperidad: el éxito económico en un Puerto Rico soberano"*; *"Puerto Rico: Hacia una economía nacional soberana"*; y *"PREXIT: Forjando el camino a la soberanía puertorriqueña"* los cuales están disponible en Amazon.com, Libros787.com, y Casa Norberto. Twitter: @ PRexitBook

It's Time to Decolonize Puerto Rico

By Javier A. Hernandez

(Publicado en Newsweek en los EEUU el 31 de enero de 2023)

With the new year upon us and the myriad of international problems that plague U.S. policymakers, one must again remind Americans that the world's oldest colony, Puerto Rico, is still suffering from indifferent local and federal policies that seem to further inflame the calls for decolonization.

From the U.S. Congress' imposition of the anti-democratic and unelected Junta of PROMESA and the indifferent federal response to natural disasters, to the recent strengthening of the Jones Act that will further stifle our economy during disasters when supplies are needed the most, Puerto Ricans are tired of the proverbial "we will do better" American narrative. Enough is enough! Puerto Ricans are calling for change and many for freedom itself.

The U.S House of Representatives passed the Puerto Rico Status Act (H.R. 8393) in December 2022, telling us all that while the bill would never see the light of day in the U.S. Senate, it would send a "message." As we know, such "messages" end up in congressional dustbins.

While H.R. 8393 never benefitted from public hearings, "assumed" Spanish would be the language in state government and public schools, and didn't address the effective 70 percent plus combined federal and state income tax, many believe that there were some positives. These included elimination of the failed colonial commonwealth status, the elaboration of both sovereignty options (independence and free association), and confirmed that people can choose to keep their U.S. citizenship, while also embracing Puerto Rican citizenship.

The call for annexation to the U.S. is decreasing in support in Puerto Rico, in the U.S. Congress, and in the United States. Congressman Tom McClintock (R-Calif.) publicly said what many Americans say in private: Puerto Rico is a proud and distinct nation that speaks a different language, has its own national identity, and should not be annexed into the United States.

Some Democrats support "statehood" because they see Puerto Rico as a mere political pawn in their partisan chessboard. Democrats don't realize that Puerto Rico would be a tossup given the conservative fundamentalists, the corrupt pro-statehood party (PNP), and the waning Popular Democratic Party (PPD).

Also, most Puerto Rican voters in the U.S. do not support annexation. Even Congress' Government Accountability Office (GAO), in a 2014 report, explained that statehood would negatively impact Puerto Rico's economy, plunge more people into poverty, and push more people and businesses to leave altogether.

If Puerto Rico were annexed, it would surely unleash a plethora of political, cultural, and social issues as Americans moving to the new "state" will become the "minority" and face the highest combined income tax in the world. With statehood, the U.S. would be gaining a defiant and troublesome Caribbean Kosovo. Puerto Ricans will resist and have historically resisted American assimilation and colonial policies ... in fact, we pride ourselves on it.

Despite the death of H.R. 8393, the pro-statehood colonial government led by Governor Pedro Pierluisi (who is supported by only 33 percent of the electorate and opposed by 67 percent of the electorate) continues to promote dependence and poverty. Yet, under the guise of "equality" and "parity," the money is "stuck" in corruption schemes and is not reaching the people. Corruption, colonial cronyism, and dark money networks in Puerto Rico are reportedly managed by pro-statehood oligarchs and financed with federal funds.

Today, six years after Hurricanes Irma and Maria, thousands of Puerto Ricans still have blue FEMA tarps as roofs, suffer constant blackouts, and survive in U.S. colonial squalor. To put it bluntly, colonialism and corruption prevents the billions in unspent federal funds from going to and helping the people.

For Puerto Ricans tired of the same colonialist policies that promote dependence, hope is on the horizon with the upcoming 2024 elections. A political alliance is being negotiated that has the potential to dethrone the corrupt PNP/PPD partocracy in favor of an alliance of pro-democracy, pro-decolonization, and pro-economic development groups.

This coalition, called *Alianza País*, would be composed of the Puerto Rican Independence Party (PIP), the Citizens Victory

Movement (MVC), and various civil society organizations. Currently, Alianza País strategists are planning on how to unite their forces to achieve an electoral victory, despite the corrupt pro-statehood party having changed the local electoral law in 2020 to ban such electoral alliances, thus trying to silence the voice of the people. American policymakers should know that the PIP is the political party in Puerto Rico that has consistently fundraised more than any other party.

Fortunately, pro-sovereignty Puerto Ricans and their allies in the U.S. want to end colonial rule and desire a viable relationship with the U.S. based on equality, respect, friendship, cooperation, and mutual interests; not colonial servitude nor political/cultural subordination inherent in annexation. Puerto Ricans, after centuries of foreign rule, finally deserve a democratic and sovereign nation of their own. They have suffered enough; cut their chains and let them be free to forge their own future.

*Javier A. Hernandez is a Puerto Rican author, writer, entrepreneur, advisor and pro-sovereignty and decolonization advocate based in New Jersey and Puerto Rico. He is the author of *PREX-IT: Forging Puerto Rico's Path to Sovereignty* and *Puerto Rico: The Economic Case for Sovereignty*.

Biografía del Autor

Javier A. Hernández, nacido en Río Piedras, Puerto Rico, es un padre puertorriqueño, autor, artista, lingüista, empresario, defensor de la soberanía y activista de los derechos indígenas.

Javier obtuvo un bachillerato en Ciencias Políticas y Relaciones Internacionales de la Universidad Internacional de la Florida; una maestría en Comunicación Internacional de American University; y una maestría en Educación de Lehman College. Javier también ha obtenido certificados en Diplomacia de Estados Pequeños, Manejo de Emergencias, Planificación de Seguridad Nacional, Asuntos de Seguridad Global, y Conflicto No

Violento y Resistencia Civil.

Javier es un lingüista reconocido y actualmente es una de las pocas personas de Puerto Rico y de los Estados Unidos que son miembros de la Asociación Internacional de Hiperpolíglotas, pudiendo hablar nueve idiomas y leer otros trece. En el 2018, Javier también reconstruyó y revitalizó una variante moderna del idioma indígena taíno del Caribe llamado *tainonaíki* y publicó su primera cartilla de aprendizaje, la cual está siendo utilizada en varios programas escolares y por grupos indígenas en Puerto Rico y en la diáspora.

Javier es un entusiasta de las banderas y artista que diseñó en el 2013 el propuesto **Escudo Nacional de un Puerto Rico soberano**, la bandera de la Diáspora puertorriqueña, la bandera de Santurce-San Mateo de Cangrejos, y varias otras banderas culturales y regionales puertorriqueñas.

Además de apoyar y promover campañas soberanistas y eventos patrióticos, Javier también apoya las iniciativas y plataformas agrícolas puertorriqueñas. Javier está casado y tiene cuatro hijos.

Libros del Autor

- *PREXIT: Forging Puerto Rico's Path to Sovereignty*

- *PREXIT: Forjando el camino a la soberanía puertorriqueña*

- *El Triunfo del Pitirre: De dictadura colonial a soberanía democrática*

- *Desarrollo y Prosperidad: El éxito económico en un Puerto Rico soberano*

- *Puerto Rico: Hacia una economía nacional soberana*

- *Puerto Rico: The Economic Case for Sovereignty*

- *Puerto Rico for Puerto Ricans*

- *Puerto Rico para los puertorriqueños*

- *Puerto Rican Defiance of U.S. Colonialism: How U.S. Policies Failed to Destroy the Puerto Rican Nation & Independence Movement*

- *Lo mejor de todos los mundos: Preguntas frecuentes sobre la soberanía nacional para Puerto Rico*

- *¡Declaramos! Hacia una propuesta para la declaración de independencia de Puerto Rico*

- *Aguilín El valiente de Vieques*

- *Primario Básico del Taíno-Borikenaíki*

Referencias

Endnotes

1   Rosa María Fernández, T. (2023, September 11). Puerto Rico, identidad cultural. Puerto Rico, Identidad Cultural | En Profundidad | teleSUR. https://www.telesurtv.net/telesuragenda/puerto-rico-identidad-cultural-20211011-0027.html

2   Robert A. Martinez. "African Aspects of the Puerto Rican Personality". ipoaa.com. Archived from the original on December 14, 2007. https://web.archive.org/web/20071214000250/http://www.ipoaa.com/africa_puertorico.htm Retrieved October 31, 2023.

3   Ibid. Robert A. Martinez. "African Aspects of the Puerto Rican Personality". ipoaa.com. Archived from the original on December 14, 2007.

4   Ibid. Robert A. Martinez. "African Aspects of the Puerto Rican Personality". ipoaa.com. Archived from the original on December 14, 2007.

5   Ibid. Robert A. Martinez. "African Aspects of the Puerto Rican Personality". ipoaa.com. Archived from the original on December 14, 2007.

6   Ibid. Robert A. Martinez. "African Aspects of the Puerto Rican Personality". ipoaa.com. Archived from the original on December 14, 2007.

7   Asale, R. (n.d.). nacionalidad | Diccionario de la lengua española. «Diccionario De La Lengua Española» - Edición Del Tricentenario. https://dle.rae.es/nacionalidad?m=form

8   Asale, R. (n.d.). nación | Diccionario de la lengua española. «Diccionario De La Lengua Española» - Edición Del Tricentenario. https://dle.rae.es/naci%C3%B3n?m=form

9   ethnicity. (2023, September 20). Cambridge Dictionary, https://dictionary.cambridge.org/dictionary/english/ethnicity

10   Distinctions between Race, Ethnicity, Nationality, and Culture – Atlas of Public Management. (n.d.). http://www.atlas101.ca/pm/resource-pages/race-ethnicity-nationality-and-culture/

11   Asale, R. (n.d.). ciudadanía | Diccionario de la lengua española. «Diccionario De La Lengua Española» - Edición Del Tricentenario. https://dle.rae.es/ciudadan%C3%ADa?m=form

12   Cintrón, A. (2022, March 5). Nacionalidad puertorriqueña y ciudadanía estadounidense. El Imparcial. https://www.elimparcial.es/noticia/236397/opinion/nacionalidad-puertorriquena-y-ciudadania-estadounidense.html

13   Ibid. Cintrón, A. (2022, March 5). Nacionalidad puertorriqueña y ciudadanía estadounidense. El Imparcial.

14   Ibid. Distinctions between Race, Ethnicity, Nationality, and Culture – Atlas of Public Management. (n.d.).

15   BackStory: The Melting Pot: Americans & Assimilation. (n.d.). NEH-Edsitement. https://edsitement.neh.gov/media-resources/backstory-melting-pot-americans-assimilation

16   Myers, D. and Pitkin, J. Assimilation Today. (2010, September 1). Center for American Progress. https://www.americanprogress.org/article/assimilation-today/

17   Little, B. (2023, July 11). How Boarding Schools Tried to 'Kill the Indian' Through Assimilation. HISTORY. https://www.

history.com/news/how-boarding-schools-tried-to-kill-the-indian-through-assimilation

18   Hemenway, Eric. Indian children forced to assimilate at white boarding schools (U.S. National Park Service). (n.d.). https://www.nps.gov/articles/boarding-schools.htm

19   Thornton, Bruce. America's Problem of Assimilation. (n.d.). Hoover Institution. https://www.hoover.org/research/americas-problem-assimilation

20   Keating. (2020). Teaching Human Dignity: The Assimilation, Removal, and Elimination of Native Americans. Retrieved September 24, 2023, from https://mcgrath.nd.edu/assets/390540/expert_guide_on_the_assimilation_removal_and_elimination_of_native_americans.pdf

21   De Mayi Marrero, V. T. L. E. (2017, July 5). Asimilación cultural: Idioma y educación. Mayi Marrero. https://mayimarrero.com/2017/06/15/asimiliacion-cultural-idioma-y-educacion/

22   Rosa, Sonia M. (2003). The Puerto Ricans at Carlisle Indian School. [58 paragraphs] KACIKE: The Journal of Caribbean Amerindian History and Anthropology [On-line Journal]. Available at: http://kacikejournal.wordpress.com/soniarosa/ [24/09/2023].

23   Pastor, N. D., Kill The Boricua, and Save The Man | Centro de Estudios Puertorriqueños. (n.d.). https://centropr-archive.hunter.cuny.edu/centrovoices/chronicles/kill-boricua-and-save-man

24   Ibid. Rosa, Sonia M. (2003).

25   Ibid. Rosa, Sonia M. (2003).

26   Ibid. Rosa, Sonia M. (2003).

27   Murder and Extremism in the United States in 2022 | ADL. (2023, June 23). ADL. https://www.adl.org/resources/report/murder-and-extremism-united-states-2022

28   Roos, M. (2020, July 10). White Supremacists Killed More Americans Than Muslim Extremists in Recent Years, Terrorism

Report Shows. Newsweek. https://www.newsweek.com/white-supremacists-killed-more-americans-muslim-extremists-recent-years-terrorism-report-shows-1517096

29   Russell Contreras & Astrid Galván, The rise of white nationalist Hispanics, Axios, https://www.axios.com/2022/03/10/rise-white-nationalist-hispanics-latinos

30   Joyner, Chris, Georgia man gets six years for Charlottesville beating. (n.d.)., The Atlanta-Journal Constitution, https://www.ajc.com/news/crime--law/georgia-man-gets-six-years-for-charlottesville-beating/ETG6StFvbV3Kq2MghoXtbL/

31   White Supremacist Terrorism and the History of Anti-Latino Racism in Texas - People For the American Way. (2022, June 30). People for the American Way. https://www.pfaw.org/blog-posts/white-supremacist-terrorism-and-the-history-of-anti-latino-racism-in-texas/

32   Neo-Nazi groups spew hate outside Disney World and near Orlando, officials say. (2023, September 5). NBC News. https://www.nbcnews.com/news/us-news/neo-nazi-groups-spew-hate-disney-world-orlando-officials-say-rcna103186

33   Berríos, Martínez, R., Puerto Rico: ¿Cómo Salvar Nuestra Nacionalidad? | NUEVA SOCIEDAD NRO. 40 ENERO-FEBRERO 1979, PP. 50-63. Nueva Sociedad | Democracia Y Política En América Latina. https://nuso.org/articulo/puerto-rico-como-salvar-nuestra-nacionalidad/

34   Santiago, Medina, R., La ciudadanía estadounidense. (2021, June 3). El Vocero De Puerto Rico. https://www.elvocero.com/opinion/la-ciudadan-a-estadounidense/article_81192276-7e16-11eb-ba24-6f2fe40dc50b.html

35   Ibid. Santiago, Medina, R., La ciudadanía estadounidense. (2021, June 3).

36 Puerto Ricans Represented Throughout U.S. Military History. (n.d.). U.S. Department of Defense. https://www.defense. gov/News/News-Stories/Article/Article/974518/puerto-ricans-represented-throughout-us-military-history/

37 Publicaciones. (n.d.). Che Paralitici. https://cheparalitici.jimdofree. com/publicaciones/#:~:text=Se%20trata%20de%20la%20 imposici%C3%B3n%20del%20servicio%20militar,para%20 un%20pueblo%20co%C2%ADlonial%20impuesta%20por%20l-a%20metr%C3%B3polis.

38 Ibid. Santiago, Medina, R., La ciudadanía estadounidense. (2021, June 3).

39 Ibid. Puerto Ricans Represented Throughout U.S. Military History. (n.d.). U.S. Department of Defense.

40 Vocero, S. L. L. E. (n.d.). Aumenta el nivel de pobreza en Puerto Rico. El Vocero De Puerto Rico. https://www.elvocero. com/economia/aumenta-el-nivel-de-pobreza-en-puerto-rico/ article_8ebe605a-57ba-11ee-aa0a-73eda9c0155c.html

41 Vargas-Ramos, C. et al. (2023, September 21). Pervasive Poverty in Puerto Rico: a Closer Look. CentroPR. https://centropr.hunter. cuny.edu/reports/pervasive-poverty-in-puerto-rico/

42 En 1922, el Tribunal Supremo de los Estados Unidos, bajo el juez Taft, decidió el caso Balzac v. Porto Rico, 258 U.S. 298 (1922). Sostuvo que Puerto Rico era un territorio no incorporado porque no podía concebir que una isla lejana habitada por ciudadanos estadounidenses no anglosajones fuera parte de los Estados Unidos. Los Casos Insulares que determinaron esta política federal eran: Balzac v. Porto Rico, 258 U.S. 298 (1922) y Downes v. Bidwell, 182 U.S. 244 (1901). Luego, en United States v. Verdugo-Urquidez, 494 U.S. 259, 268 (1990), se especificó a Puerto Rico como "un territorio no incorporado" no claramente "destinado a convertirse en Estado".

43   Mack, D. (2017, October 9). The Racist Supreme Court Cases That Cemented Puerto Rico's Second-Class Status. Slate Magazine. https://slate.com/news-and-politics/2017/10/the-insular-cases-the-racist-supreme-court-decisions-that-cemented-puerto-ricos-second-class-status.html

44   Slorach, R. Who makes the Nazis? - Socialist Worker. (2021, March 17). Socialist Worker. https://socialistworker.co.uk/socialist-review-archive/who-makes-nazis/

45   Ibid. Slorach, R. Who makes the Nazis? - Socialist Worker. (2021, March 17). Socialist Worker.

46   Ibid. Mack, D. (2017, October 9). The Racist Supreme Court Cases That Cemented Puerto Rico's Second-Class Status.

47   Fiol-Matta, L. (2022, March 14). The Insular Cases: It's Time to Turn the Page. https://news.bloomberglaw.com/us-law-week/the-insular-cases-its-time-to-turn-the-page

48   Amy Howe, Court declines to take up petition seeking to overturn Insular Cases, SCOTUSblog (Oct. 17, 2022, 11:00 AM), https://www.scotusblog.com/2022/10/court-declines-to-take-up-petition-seeking-to-overturn-insular-cases/

49   Ibid. Mack, D. (2017, October 9).

50   The Territorial Clause of the U.S. Constitution (Article IV, Section 3, Clause 2) https://constitution.congress.gov/browse/article-4/section-3/clause-2/

51   Balzac v. Porto Rico, 258 U.S. 298 (1922). (n.d.). Justia Law. https://supreme.justia.com/cases/federal/us/258/298/

52   Márquez, Dénis (2021, December 13). Ciudadanía Americana: El carimbo colonial. Metro Puerto Rico. https://www.metro.pr/pr/blogs/2017/03/03/ciudadania-americana-carimbo-colonial.html

53   Ibid. Metro Puerto Rico (2021, December 13).

54   Ibid. Primera Hora (2023, June 11). Pierluisi denuncia discrimen de puertorriqueños ante la Comisión de Derechos Civiles de EE.UU. Primera Hora. /

55   Ibid. Primera Hora (2023, June 11). Pierluisi denuncia discrimen de puertorriqueños ante la Comisión de Derechos Civiles de EE.UU.

56   Jenniffer González aboga ante el Senado federal por recursos para combatir el COVID-19 y promover el desarrollo económico de Puerto Rico | Congresswoman Jenniffer González-Colón. (2020, June 30). Congresswoman Jenniffer González-Colón. https:// gonzalez-colon.house.gov/media/press-releases/jenniffer-gonzalez-aboga-ante-el-senado-federal-por-recursos-para-combatir-el

57   https://www.dictionary.com/browse/white-man-s-burden

58   Kiger, P. J. (2022, October 10). How Colonialism Works. HowStuffWorks. Retrieved 4 October 2023. https://history. howstuffworks.com/world-history/colonialism.htm

59   Marrero, Mayi. (2017, July 5). Asimilación cultural: Idioma y educación. Mayi Marrero. https://mayimarrero.com/2017/06/15/ asimiliacion-cultural-idioma-y-educacion/

60   Ibid. Marrero, Mayi. (2017, July 5). Asimilación cultural: Idioma y educación.

61   Ibid. Marrero, Mayi. (2017, July 5). Asimilación cultural: Idioma y educación.

62   Negrón de Montilla, Aida. La americanización en Puerto Rico y el sistema de instrucción pública, 1900-1930 (s.l. [San Juan]: Editorial de la Universidad de Puerto Rico, 1976). P. 185-186

63   Reus, Juan. (2022, January 6). El Día de Reyes: una historia de resistencia nacional. Prensa Sin Censura. https://prensasincensura. com/2022/01/06/el-dia-de-reyes-una-historia-de-resistencia-nacional/

64   Ibid. Reus, Juan. (2022, January 6). El Día de Reyes: una historia de resistencia nacional.

65   Raúl Santiago Meléndez, "Educación y colonialismo", en Méndez, ed., La agresión cultural norteamericana en Puerto Rico (México: Editorial Grijalbo, 1980), 113-121.

66   (552) Japanese policy of assimilation. (2014, June 16). Korea Times. https://www.koreatimes.co.kr/www/news/opinon/2014/06/165_82414.html

67   Japan's colonial legacy in Taiwan part 3: Japan's cultural genocide against Taiwan's indigenous peoples. (2021, September 3). https://news.cgtn.com/news/2021-09-03/Japan-s-cultural-genocide-against-Taiwan-s-indigenous-peoples-13fQIuw6ZsQ/index.html

68   Fewings, Catherine Shu-fen (Yu) (2004). Japanese colonial language education in Taiwan and assimilation, 1895-1945. https://espace.curtin.edu.au/handle/20.500.11937/429#:~:text=It%20examines%20the%20overall%20nature%20of%20Japanese%20colonial,of%20Japanese%20language%20education%20on%20assimilation%20in%20Taiwan.

69   En 1997, tomé un año de idioma y cultura china (dos cursos) en la Universidad Central de La Florida (UCF). En este curso, nuestro profesor era un chino taiwanés de aproximadamente 70 años. Un día, el profesor nos relató una historia increíble sobre su vida. El profesor nació en Taiwán durante la ocupación y coloniaje japonés. Debido al control absoluto y asimilista de Japón en Taiwán, el profesor, desde que nació hasta que Japón fue derrotado en 1945, pensaba que era japonés. Tan pronto Japón se fue de Taiwán al finalizar la Segunda Guerra Mundial, su familia empezó hablar chino y le notificó al joven que él era realmente chino, no japonés. Su familia, para sobrevivir, tenía que aparentar ser asimilada - una familia japonesa de origen taiwanés. El hablaba con su familia solo

en japonés y tan pronto su familia le dijo sobre su origen real, el joven tenía que aprender chino y aceptar su identidad chino-taiwanesa. El profesor, ya en sus años 70, todavía podía recordar y cantar el himno Imperial de Japón ya que tuvo que cantarlo miles de veces en su juventud. El profesor es un vivo ejemplo que uno puede sobrevivir y superar los abusos y males psicológicos del coloniaje.

70   Collection: Paul G. Miller Collection | Centro Library and Archives - ArchivesSpace. (n.d.). Original Book: Paul G. Miller, Historia de Puerto Rico (Nueva York: Rand McNally & Co., 1922). https://centroarchives.hunter.cuny.edu/repositories/2/resources/72

71   Ibid. Marrero, Mayi. (2017, July 5). Asimilación cultural: Idioma y educación.

72   Ibid. Marrero, Mayi. (2017, July 5). Asimilación cultural: Idioma y educación.

73   Deseo agradecer a D. Maldonado, mi señora madre, por haberme obsequiado este libro en mayo de 2023.

74   Ibid. Marrero, Mayi. (2017, July 5). Asimilación cultural: Idioma y educación.

75   Ibid. Marrero, Mayi. (2017, July 5). Asimilación cultural: Idioma y educación. Cita Original: Torres González, R., Idioma, bilingüismo y nacionalidad: la presencia del inglés en Puerto Rico (San Juan: Editorial de la Universidad de Puerto Rico, 2002), 118.

76   Ibid. Marrero, Mayi. (2017, July 5). Asimilación cultural: Idioma y educación.

77   "Informe Final sobre el Idioma en Puerto Rico" (Final report about language in Puerto Rico), Senate of Puerto Rico, Commission of Education, Science, and Culture. 2 January 2001. Page 457. Submitted by Commission President Hon. Margarita Ostolaza Bey. Retrieved 2 October 2023.

78   Pueblo v. Tribunal Superior, 92 D.P.R. 596 (1965). Translation from the English text, 92 P.R.R. 580 (1965), pp. 588–589. Ver también: LOPEZ-BARALT NEGRON, "Pueblo v. Tribunal Superior: Español: Idioma del proceso judicial", 36 Revista Jurídica de la Universidad de Puerto Rico. 396 (1967), and VIENTOS-GASTON, "Informe del Procurador General sobre el idioma", 36 Rev. Col. Ab. (P.R.) 843 (1975).

79   Pousada, A. (2011). Being Bilingual in Puerto Rico. Retrieved October 1, 2023, from http://aliciapousada.weebly.com/uploads/1/0/0/2/10020146/being_bilingual_in_puerto_rico2.pdf

80   "2005–2009 Population and Housing Narrative Profile for Puerto Rico". U.S. Census Narrative Profile. U.S. Census. 2005–2009. Archived from the original on 8 October 2011. Retrieved 2 October 2023. https://web.archive.org/web/20111008150642/http://factfinder.census.gov/servlet/NPTable?_bm=y&-geo_id=04000US72&-qr_name=ACS_2009_5YR_G00_NPPR01&-ds_name=&-redoLog=false

81   U.S. Census Bureau QuickFacts: Puerto Rico. (n.d.). Census Bureau QuickFacts. https://www.census.gov/quickfacts/fact/table/PR/PST045222

82   DTOP anuncia nuevo formato en las licencias de conducir. (2023, October 3). Telemundo Puerto Rico. https://www.telemundopr.com/noticias/puerto-rico/dtop-anuncia-nuevo-formato-en-las-licencias-de-conducir/2536745/#:~:text=La%20secretaria%20del%20Departamento%20de%20Transportaci%C3%B3n%20y%20Obras,y%20se%20identifique%20claramente%20jurisdicci%C3%B3n%20de%20territorio%20americano.

83   Puerto Rico aims to become fully bilingual by 2022. (2014, November 20). Fox News. https://www.foxnews.com/world/

puerto-rico-aims-to-become-fully-bilingual-by-2022. Retrieved 2 October 2023.

84   Ibid. Puerto Rico aims to become fully bilingual by 2022. (2014, November 20). Fox News.

85   Ibid. Puerto Rico aims to become fully bilingual by 2022. (2014, November 20). Fox News.

86   Secret FBI files on 100,000 Puerto Ricans. . .thousands arrested. . .Chaos in 1950 Puerto Rico. (2015, August 4). WAR AGAINST ALL PUERTO RICANS. https://waragainstallpuertoricans.com/2015/04/08/secret-fbi-files-100000-puerto-ricans-thousands-arrested/

87   Ibid. Secret FBI files on 100,000 Puerto Ricans. . .thousands arrested. . .Chaos in 1950 Puerto Rico. (2015, August 4).

www.ingramcontent.com/pod-product-compliance
Lightning Source LLC
Chambersburg PA
CBHW050727260726
48661CB00001B/107